プリント形式のリアル過去問で本番の臨場感！

大阪府

大阪国際中学校

2025年春受験用

解答集

本書は，実物をなるべくそのままに，プリント形式で年度ごとに収録しています。
問題用紙を教科別に分けて使うことができるので，本番さながらの演習ができます。

■ 収録内容

・解答集（この冊子です）

書籍ＩＤ番号，この問題集の使い方，最新年度実物データ，リアル過去問の活用，
解答例と解説，ご使用にあたってのお願い・ご注意，お問い合わせ

・2024（令和６）年度 ～ 2020（令和２）年度　学力検査問題

JN132481

○は収録あり	年度	'24	'23	'22	'21	'20
■ 問題(1次A)		○	○	○	○	○
■ 解答用紙※		○	○	○	○	○
■ 配点		○	○	○	○	○

算数に解説があります

2021年度より英語の試験を実施（国語・算数・理科または国語・算数・英語を選択，リスニングの原稿は収録していますが音声は収録していません）
※2020年度の算数は書き込み式
注）国語問題文非掲載：2024年度の一，2023年度の一，2022年度の四，2021年度の四，2020年度の五

問題文の非掲載につきまして

著作権上の都合により，本書に収録している過去入試問題の本文の一部を掲載しておりません。ご不便をおかけし，誠に申し訳ございません。

本文の一部を掲載できなかったことによる国語の演習不足を補うため，論説文および小説文の演習問題のダウンロード付録があります。弊社ウェブサイトから書籍ＩＤ番号を入力してご利用ください。

なお，問題の量，形式，難易度などの傾向が，実際の入試問題と一致しない場合があります。

教英出版

■ 書籍ＩＤ番号

入試に役立つダウンロード付録や学校情報などを随時更新して掲載しています。
教英出版ウェブサイトの「ご購入者様のページ」画面で，書籍ＩＤ番号を入力してご利用ください。

書籍ＩＤ番号　115429

（有効期限：2025年9月30日まで）

【入試に役立つダウンロード付録】
「要点のまとめ(国語／算数)」
「課題作文演習」ほか

■ この問題集の使い方

年度ごとにプリント形式で収録しています。針を外して教科ごとに分けて使用します。①片側，②中央のどちらかでとじてありますので，下図を参考に，問題用紙と解答用紙に分けて準備をしましょう（解答用紙がない場合もあります）。

針を外すときは，けがをしないように十分注意してください。また，針を外すと紛失しやすくなりますので気をつけましょう。

① 片側でとじてあるもの

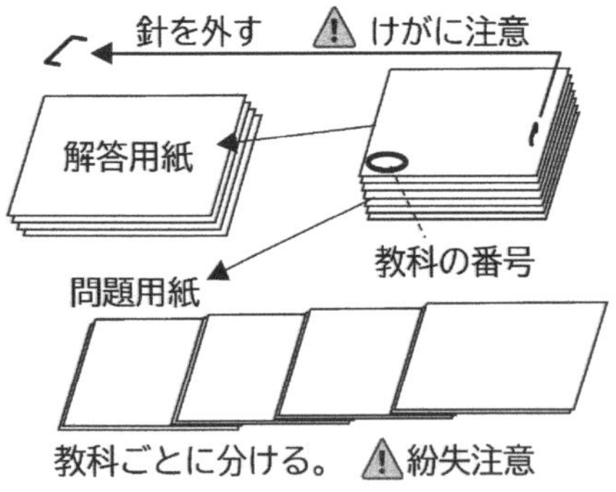

② 中央でとじてあるもの

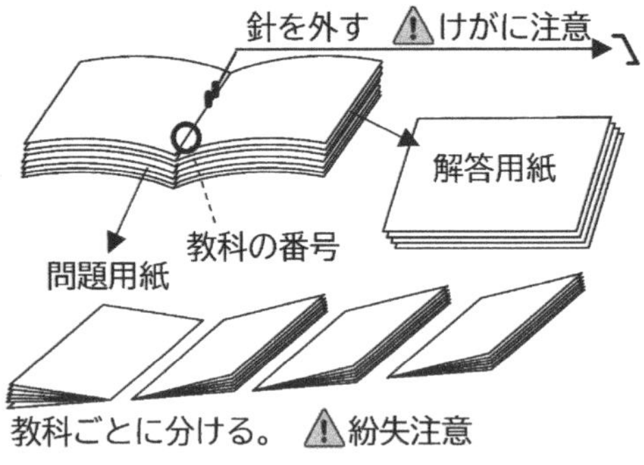

※教科数が上図と異なる場合があります。
解答用紙がない場合や，問題と一体になっている場合があります。
教科の番号は，教科ごとに分けるときの参考にしてください。

■ 最新年度 実物データ

実物をなるべくそのままに編集していますが，収録の都合上，実際の試験問題とは異なる場合があります。実物のサイズ，様式は右表で確認してください。

問題用紙	Ｂ５冊子(二つ折り)
解答用紙	Ｂ４片面プリント

リアル過去問の活用

～リアル過去問なら入試本番で力を発揮することができる～

本番を体験しよう！

問題用紙の形式（縦向き / 横向き），問題の配置や余白など，実物に近い紙面構成なので本番の臨場感が味わえます。まずはパラパラとめくって眺めてみてください。「これが志望校の入試問題なんだ！」と思えば入試に向けて気持ちが高まることでしょう。

入試を知ろう！

同じ教科の過去数年分の問題紙面を並べて，見比べてみましょう。

① 問題の量

毎年同じ大問数か，年によって違うのか，また全体の問題量はどのくらいか知っておきましょう。どのくらいのスピードで解けば時間内に終わるのか，大問ひとつにかけられる時間を計算してみましょう。

② 出題分野

よく出題されている分野とそうでない分野を見つけましょう。同じような問題が過去にも出題されていることに気がつくはずです。

③ 出題順序

得意な分野が毎年同じ大問番号で出題されていると分かれば，本番で取りこぼさないように先回りして解答することができるでしょう。

④ 解答方法

記述式か選択式か（マークシートか），見ておきましょう。記述式なら，単位まで書く必要があるかどうか，文字数はどのくらいかなど，細かいところまでチェックしておきましょう。計算過程を書く必要があるかどうかも重要です。

⑤ 問題の難易度

必ず正解したい基本問題，条件や指示の読み間違いといったケアレスミスに気をつけたい問題，後回しにしたほうがいい問題などをチェックしておきましょう。

問題を解こう！

志望校の入試傾向をつかんだら，問題を何度も解いていきましょう。ほかにも問題文の独特な言いまわしや，その学校独自の答え方を発見できることもあるでしょう。オリンピックや環境問題など，話題になった出来事を毎年出題する学校だと分かれば，日頃のニュースの見かたも変わってきます。

こうして志望校の入試傾向を知り対策を立てることこそが，過去問を解く最大の理由なのです。

実力を知ろう！

過去問を解くにあたって，得点はそれほど重要ではありません。大切なのは，志望校の過去問演習を通して，苦手な教科，苦手な分野を知ることです。苦手な教科，分野が分かったら，教科書や参考書に戻って重点的に学習する時間をつくりましょう。今の自分の実力を知れば，入試本番までの勉強の道すじが見えてきます。

試験に慣れよう！

入試では時間配分も重要です。本番で時間が足りなくなってあわてないように，リアル過去問で実戦演習をして，時間配分や出題パターンに慣れておきましょう。教科ごとに気持ちを切り替える練習もしておきましょう。

心を整えよう！

入試は誰でも緊張するものです。入試前日になったら，演習をやり尽くしたリアル過去問の表紙を眺めてみましょう。問題の内容を見る必要はもうありません。どんな形式だったかな？受験番号や氏名はどこに書くのかな？…ほんの少し見ておくだけでも，志望校の入試に向けて心の準備が整うことでしょう。

そして入試本番では，見慣れた問題紙面が緊張した心を落ち着かせてくれるはずです。

※まれに入試形式を変更する学校もありますが，条件はほかの受験生も同じです。心を整えてあせらずに問題に取りかかりましょう。

大阪国際中学校

《国　語》

一　問1．A．イ　B．エ　C．オ　D．ア　問2．時間切れになって試合に負けてしまう。　問3．一か八か　問4．僕は肝心の時にためらってしまう　問5．エ　問6．X．ギャンブル　Y．チャレンジ　問7．相手のボールを取りにいった結果、かえって抜かれてしまったり、シュートチャンスで外してしまう不安がよぎってシュートを打てず、チャンスを失ったりしたから。　問8．ウ，オ

二　問1．①一角　②二つ　③七光〔別解〕七光り　④十指　⑤八百　問2．①ア　②ウ　③イ　④イ　⑤ア

三　(1)A．ギターを　B．上手に　C．続けた　(2)A．寒い　B．夜空で　C．きらきらと
(3)A．教育を　B．入れて　C．ある

四　問1．エ　問2．(1)女の子がよく選ぶ色かもよ　(2)次男は翌年、灰色のランドセルを選んだ。
問3．a．百貨店　b．来春　c．幼　d．提唱　e．著書

《算　数》

1　(1)191　(2)12　(3)1　(4)$\frac{3}{10}$　(5)2040　(6)0　(7)5.1

2　(1)500　(2)96　(3)31.4　(4)2010　(5)43

3　(1)6　(2)17.805

4　(1)52，53　(2)19，20，21，22，23　(3)14

5　(1)282　(2)⑧，⑩　(3)120

《英　語》

〈リスニング問題〉

1　1)③　2)③　3)②　4)②

2　1)①　2)①　3)③　4)③

3　1)②　2)②　3)③　4)①

4　1)③　2)②

〈筆記問題〉

5　1)hundred　2)September　3)uniform　4)fruit　5)dictionary

6　1)①　2)②　3)③　4)②　5)①

7　1)①　2)①　3)③　4)②

8　The old woman thanked the man because he gave his seat to her.

《理　科》

1　(1)ア　(2)40　(3)120　(4)20　(5)160　(6)重いもの

2　(1)A．ちっ素　B．酸素　(2)エ　(3)①ウ　②石灰水　③ア

3　(1)①お花　②カボチャ／トウモロコシ　(2)ウ　(3)ア．おしべ　イ．めしべ　ウ．受粉　(4)③

4　(1)9月1日　(2)イ．火災　ウ．津波　エ．液状化　(3)ハザードマップ
(4)①りゅう起　②海岸段きゅう　③平らな面A　(5)い

1 (1) 与式＝156＋35＝**191**

(2) 与式＝120÷（7×2－4）＝120÷（14－4）＝120÷10＝**12**

(3) 与式＝$\frac{25}{10}-\frac{12}{10}-\frac{3}{10}=\frac{10}{10}=$ **1**

(4) 与式＝$\frac{114}{100}\times\frac{5}{19}=$ $\mathbf{\frac{3}{10}}$

(5) 与式＝(2024－2019)＋(2023－2018)＋(2022－2017)＋(2021－2016)＋2020＝5＋5＋5＋5＋2020＝**2040**

(6) 与式＝39×（3×16）－(39×3)×16＝**0**

(7) 与式＝4.7×8.3÷2－(2.7×0.5＋2)×4.3＝4.7×8.3÷2－3.35×4.3＝19.505－14.405＝**5.1**

2 (1) **【解き方】時速は１時間に進む道のり，分速は１分間に進む道のりである。**

時速 30 ㎞＝時速 30000m，30000÷60＝500 より，分速 **500**m である。

(2) 20%＝0.2 より，100 円の商品を 20%値引きした金額は，100×（1－0.2)＝80(円)である。この商品を 20%値上げすると，80×（1＋0.2)＝**96**(円)である。

(3) 図を直線ＡＢで一回転すると，右のような円柱が２段重なった立体ができる。

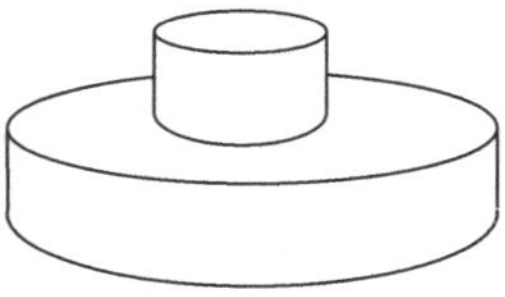

上段の円柱の体積は，1×1×3.14×1（㎤），下段の円柱の体積は，3×3×3.14×1（㎤）であるので，求める立体の体積は，1×1×3.14×1＋3×3×3.14×1＝（1×1＋3×3）×3.14×1＝10×3.14＝**31.4**(㎤)である。

(4) **【解き方】１人あたりの１年間のごみの排出量が最も少ない年を選ぶので，人口が多く，ごみの排出量が少ない年を選んで計算する。この数字のままだとわかりにくいので，百の位で四捨五入をした，がい数にしてみる。**

百の位で四捨五入をした，がい数にすると，右表のようになる。

年	2000	2005	2010	2015	2020
ごみの排出量（t）	81000	57000	40000	46000	40000
人口（人）	152000	147000	151000	146000	143000

ごみの排出量が最も少ないのが 2010 年と 2020 年で，人口が最も多いのが 2000 年，次に多いのが 2010 年である。2010 年のごみの排出量は 2000 年のごみの排出量の半分以下であること，2010 年の人口が 2020 年の人口より多いことからも，明らかに，１人あたりの１年間のごみの排出量は，**2010** 年が最も少ないとわかる。

(5) ①より，■＝5である。②の式を少し変形すると，▲×4－●＝3，③の式の両辺を2で割ると，3×▲＋●＝18 の式が得られる。●を消去するために，この２式を足すと，▲×4－●＋(▲×3＋●)＝3＋18 より，▲×7＝21　▲＝3　●＝18－3×3＝9　■＝5，▲＝3，●＝9を④の式にあてはめると，5×3－9÷◆＝6　9÷◆＝9　◆＝1　求める値《あたい》は，5×9－3＋1＝**43** である。

3 (1) 図より，ＣＤ＝ＦＨで，ＦＨは円の直径なので，3×2＝**6**(㎝)である。

(2) **【解き方】求める面積は，台形ＡＢＣＤの面積から，色のついた半径３㎝の円を$\frac{3}{4}$にした面積と，１辺が３㎝の正方形ＯＦＣＧの面積を引いた面積である。**

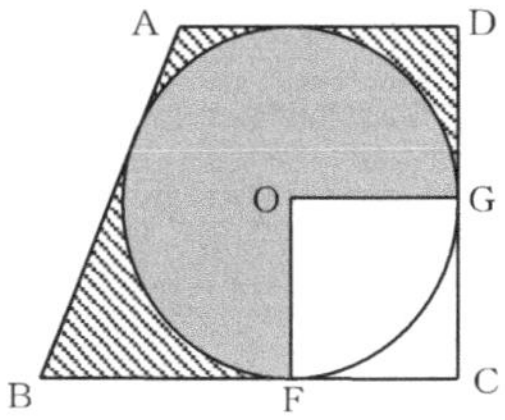

台形ＡＢＣＤの面積は，（4＋12）×6÷2＝48(㎠)である。色のついた円の$\frac{3}{4}$の面積は，3×3×3.14×$\frac{3}{4}$＝21.195(㎠)であり，正方形ＯＦＣＧの面積は 3×3＝9(㎠)なので，求める面積は，48－(21.195＋9)＝**17.805**(㎠)である。

4 (1) 105÷2＝52.5 より，52.5 の前後の整数である，**52** と **53** を足せばよい。

(2) 105÷5＝21 より，5個の連続する整数のうち，真ん中の数が 21 になる **19**，**20**，**21**，**22**，**23** を足せばよい。

(3)　**【解き方】連続する整数の和は，(最初の数＋最後の数)×個数÷２で求めることができる。**

(最初の数＋最後の数)×個数÷２＝105になればよいので，(最初の数＋最後の数)×個数＝210になる整数の組み合わせを考える。数の組み合わせを探すと，(２，105)，(３，70)，(５，42)，(６，35)，(７，30)，(10，21)，(14，15)が見つかる。例えば，１からnまでの連続する整数を考えると，個数はn個で(最初の数＋最後の数)は１＋nだから，個数は(最初の数＋最後の数)より小さい。５からnまでの連続する整数だと，個数は(n－４)個，(最初の数＋最後の数)は５＋nだから，明らかに個数は，(最初の数＋最後の数)よりも小さい。つまり，個数は，(最初の数＋最後の数)よりも小さいから，それぞれの組み合わせのうち，小さい方が個数となる。したがって，それぞれの組み合わせのうち，小さい方の数が最も大きい組み合わせは(14，15)だから，求める個数は**14**個である。なお，このときの連続する整数は１から14までである。

5　(1)　**【解き方】２進数の問題である。各マスがそれぞれ何の数を表すのかを考える。**

10個のマスに右図のように記号をおく。問題の図の１から，

ア	イ	ウ	エ	オ	カ	キ	ク	ケ	コ

アの■は１，２から，イの■は２，４から，ウの■は４を表すとわかる。７だと１＋２＋４＝７を表し，８はエにだけ色がぬってある状態になるから，エの■は８を表すとわかる。32はカにだけ色がぬってある状態になるから，カの■は32を表すとわかる。つまり，各マスは２進数の各位に対応していて，アは１，イは１×２＝２，ウは２×２＝４，エは４×２＝８，オは８×２＝16，…となっている。各マスの表す数は，下図の通りである。

ア(1)	イ(2)	ウ(4)	エ(8)	オ(16)	カ(32)	キ(64)	ク(128)	ケ(256)	コ(512)

よって，求める数は，２＋８＋16＋256＝**282**である。

(2)　(1)より，640＝512＋128より，⑧と⑩に色をぬればよい。

(3)　**【解き方】10個のマスから３マス選ぶ方法，つまり，(2)の図の①～⑩のうち３個を選ぶ方法は何通りあるかを考える。**

①～⑩のうち，最初に選ぶ番号は10通り，次に選ぶ番号は９通り，最後に選ぶ番号は８通り，このように，選ぶ順番を考えると，選び方は10×９×８(通り)ある。ところが，この選び方では，例えば①，②，③の３個１組の組み合わせを，①②③，①③②，②①③，②③①，③①②，③②①のように，６回数えてしまうことになる。

よって，10個から３個選ぶ選び方(組み合わせ)の数は全部で，$\frac{10\times 9\times 8}{6}$＝**120**(通り)である。

2023 解答例 令和5年度 大阪国際中学校

《国　語》

一　問1．ア　問2．A．エ　B．ア　C．オ　D．イ　問3．ウ　問4．「おれ」の「へなちょこ王子」という発言に怒ったから。　問5．オ　問6．自分一人でも勝負に勝てると言ったこと。／距離をのばしても勝負に勝てると言ったこと。　問7．アルバムをガッキーたちにとられると考えたから。　問8．ア
問9．ひとりだけリセットされて、放りだされた　問10．エ　問11．イ

二　問1．①あぶ　②ぶた　③たぬき　④きつね　⑤ねこ　問2．［漢字／意味］　①［頭／オ］　②［首／エ］
③［目／ア］　④［耳／カ］　⑤［口／キ］

三　(1)A．夏　B．ロケットの　C．量産に　(2)A．使い方に　B．この　C．ない
(3)A．あまりにも　B．気分が　C．不安に

四　問1．誰かの成功をエネルギーとする　問2．(1)水　(2)Ⅰ．金　Ⅱ．月　Ⅲ．木　Ⅳ．火
問3．a．高名　b．好敵手　c．現象　d．破　e．確

《算　数》

1　(1)272　(2)$2\frac{1}{4}$　(3)$\frac{7}{8}$　(4)52　(5)406　(6)14080　(7)5.931

2　(1)$\frac{10}{13}$　(2)41.98　(3)54　(4)1.25　(5)午後1，45

3　(1)ない　(2)194　(3)101

4　(1)30　(2)$13\frac{1}{5}$

5　(1)48　(2)4　(3)2.34

《英　語》

〈リスニング問題〉

1　1)③　2)②　3)①　4)①

2　1)①　2)②　3)③　4)①

3　1)②　2)②　3)③　4)③

4　1)③　2)③

〈筆記問題〉

5　1)twenty-four　2)Wednesday　3)umbrella　4)drink　5)flowers

6　1)①　2)②　3)③　4)②　5)②

7　1)②　2)①　3)①　4)①

8　You cannot use your smartphone in the classroom.　So please turn it off.

《理　科》

1　(1)ばねばかり…120　ばね…7　(2)96　(3)60　(4)50　(5)416

2　(1)食塩　(2)①13.0　②10.2　③再結晶　(3)ウ　(4)イ

3　(1)太陽　(2)クレーター　(3)ア　(4)左側　(5)ウ　(6)分類…B　理由…木星型惑星は，大きさに対する重さの比が1よりとても小さく，天王星も同様なので。(下線部は②÷①の値でもよい)

4　(1)肺　(2)酸素　(3)イ　(4)拍動　(5)活発に動く　(6)上がる　(7)イ

1 (1) 与式＝310－38＝**272**

(2) 与式＝$\frac{40}{12}-\frac{15}{12}+\frac{2}{12}=\frac{27}{12}=\frac{9}{4}=$ **$2\frac{1}{4}$**

(3) 与式＝$\frac{3}{4}\times\frac{7}{6}=$ **$\frac{7}{8}$**

(4) 与式＝{24＋(36－12)}＋４＝(24＋24)＋４＝48＋４＝**52**

(5) 与式＝(101＋２)×102－101×100＝101×102＋２×102－101×100＝101×(102－100)＋204＝101×２＋204＝202＋204＝**406**

(6) 与式＝(12＋14)×22×32－12×11×32＝26×２×11×32－12×11×32＝(52－12)×11×32＝40×11×32＝**14080**

(7) 与式＝$\frac{697}{60}-6.069+\frac{7}{20}\times\frac{23}{21}=\frac{697}{60}+\frac{23}{60}-6.069=\frac{720}{60}-6.069=12-6.069=$ **5.931**

2 (1) 定価は原価の$1+\frac{3}{10}=\frac{13}{10}$(倍)だから，原価は定価の**$\frac{10}{13}$**倍となる。

(2) 半径が10㎝，中心角が126°のおうぎ形の曲線部分の長さは，$10\times2\times3.14\times\frac{126°}{360°}=21.98$(㎝)
よって，おうぎ形の周りの長さは，21.98＋10×２＝**41.98**(㎝)

(3) **【解き方】みかんを６個ずつとりんごを２個ずつ箱に入れると余ることなく箱に入れることができたので，みかんとりんごの個数の比は，６：２＝３：１である。**
みかんを５個ずつとりんごを３個ずつ入れたとき，箱に入っているみかんとりんごをそれぞれ⑤個，③個とすると，みかんは全部で③×３＝⑨(個)あるから，⑨－⑤＝④は24にあたる。
よって，みかんは全部で，24×$\frac{⑨}{④}$＝**54**(個)ある。

(4) **【解き方】ふくまれる食塩の量に注目する。**
２％の食塩水450ｇにふくまれる食塩の量は，$450\times\frac{2}{100}=9$（ｇ）
これに270ｇの水を入れると，ふくまれる食塩の量は変わらず，食塩水の量は450＋270＝720(ｇ)になるから，求める濃度《のうど》は，$\frac{9}{720}\times100=$ **1.25**(％)

(5) Ａ地点から山の頂上までは６÷３＝２(時間)，山の頂上からＢ地点までは５÷４＝1.25(時間)，つまり，１時間(0.25×60)分＝１時間15分かかる。休憩《きゅうけい》時間もふくめると，Ｂ地点に着いた時刻は，
午前10時＋２時間＋30分＋１時間15分＝**午後１時45分**である。

3 **【解き方】左から１番目の数は４，２番目の数は５＝４＋１，３番目の数は７＝４＋１＋２，…となるので，Ｎ番目の数は，４＋１＋２＋…＋(Ｎ－１)と表せる。**

(1) 40以降の数の列は，49，59，70，82，95，109，…となるので，100は**ない**。

(2) **【解き方】１からＸまでの連続する整数の和は，$\frac{X\times(1+X)}{2}$で求められることを利用する。**
左から20番目の数は，$4+1+2+\cdots+19=4+\frac{19\times(1+19)}{2}=4+190=$ **194**

(3) **【解き方】(2)をふまえる。5054は４より5054－４＝5050大きい数なので，$\frac{X\times(1+X)}{2}=5050$となるＸの値を考える。**
Ｘ×(Ｘ＋１)＝5050×２＝10100＝100×101だから，Ｘ＝100
よって，5054＝４＋１＋２＋…＋100だから，5054は左から100＋１＝**101**(番目)の数である。

4 (1) 三角形ＡＢＣの面積は，ＢＣ×ＡＣ÷２＝12×５÷２＝**30**(㎠)

(2) **【解き方】高さの等しい三角形の面積の比は，底辺の長さの比に等しいことを利用する。**

三角形ＡＤＣと三角形ＣＤＥは同じ形の三角形で，３辺の長さの比がＤＣ：ＡＤ：ＡＣ＝３：４：５だから，
ＤＥ＝ＤＣ×$\frac{3}{4}$＝３×$\frac{3}{4}$＝$\frac{9}{4}$(cm)，ＣＥ＝ＤＣ×$\frac{5}{4}$＝３×$\frac{5}{4}$＝$\frac{15}{4}$(cm)
よって，ＢＣ：ＣＥ＝12：$\frac{15}{4}$＝16：５，ＡＤ：ＤＥ＝４：$\frac{9}{4}$＝16：９
したがって，三角形ＡＢＥの面積は，（三角形ＡＢＣの面積）×$\frac{\text{ＢＥ}}{\text{ＢＣ}}$＝30×$\frac{16-5}{16}$＝30×$\frac{11}{16}$(cm²)だから，
三角形ＡＢＤの面積は，（三角形ＡＢＥの面積）×$\frac{\text{ＡＤ}}{\text{ＡＥ}}$＝30×$\frac{11}{16}$×$\frac{16}{16+9}$＝$\frac{66}{5}$＝**$13\frac{1}{5}$**(cm²)

5 ⑴　自動車㋑の速さは，分速800m＝時速$\frac{800\times60}{1000}$km＝時速**48 km**

⑵　**【解き方】自動車㋐がＰＡ間を進むのにかかる時間は，800÷700＝$\frac{8}{7}$＝$1\frac{1}{7}$(分)である。**
同様にして，自動車㋐が進むのにかかる時間をまとめると，右表のようになる。

ＰＡ間	ＡＢ間	ＢＣ間	ＣＱ間
$1\frac{1}{7}$分	$2\frac{3}{7}$分	$2\frac{5}{7}$分	$\frac{6}{7}$分

出発時の信号は青で60秒＝１分ごとに変化するので，始めてＡに着いたときの信号は赤である。
出発から２分後にＡを出るので初めてＢに着いたのは出発から２＋$2\frac{3}{7}$＝$4\frac{3}{7}$(分後)で，このときの信号は青である。
初めてＣに着いたのは出発から２＋$2\frac{3}{7}$＋$2\frac{5}{7}$＝$7\frac{1}{7}$(分後)なので，信号は赤である。
２回目にＣに着いたのは出発から８＋$\frac{6}{7}$＋$\frac{6}{7}$＝$9\frac{5}{7}$(分後)なので，信号は赤である。
２回目にＢに着いたのは出発から10＋$2\frac{5}{7}$＝$12\frac{5}{7}$(分後)なので，信号は青である。
２回目にＡに着いたのは出発から$12\frac{5}{7}$＋$2\frac{3}{7}$＝$15\frac{1}{7}$(分後)なので，信号は赤である。
以上より，信号で止まる回数は，下線部の**４**回である。

⑶　**【解き方】自動車㋑の移動について調べ，自動車㋐と㋑がどの区間で出会うのかを定める。**
㋑が始めてＣに着いたのは出発から600÷800＝$\frac{3}{4}$(分後)なので，信号は青である。
㋑が始めてＢに着いたのは出発から(1900＋600)÷800＝$3\frac{1}{8}$(分後)なので，信号は赤である。
㋑が初めてＢを出発したのは４分後で，㋐が初めてＡに着いたのは出発から２分後，始めてＢに着いたのは出発から$4\frac{3}{7}$(分後)なので，㋐と㋑はＡＢ間で最初に出会う。
㋑が初めてＢを出発したとき，㋐はＡから４－２＝２(分)進むので，Ａから700×２＝1400(m)進んだ位置におり，
このときの㋐と㋑の間の距離《きょり》は，1700－1400＝300(m)
㋐と㋑が同じ時間で進む道のりの比は速さの比に等しく700：800＝７：８だから，㋐と㋑が初めて出会うのは，
Ａから1400＋300×$\frac{7}{7+8}$＝1540(m)進んだ位置である。
よって，求める距離は，800＋1540＝2340(m)，つまり，$\frac{2340}{1000}$＝**2.34**(km)である。

大阪国際中学校

《国　語》

一　問１．a．ウ　b．エ　問２．月にうさぎがいるかどうかを自分でたしかめようと考えたから。　問３．エ　問４．ア　問５．オ　問６．ア，オ　問７．朝日が、テレビの音につられて思わず洗面所からテレビの前まで来てしまったこと。　問８．肩　問９．お母さんが悲しむ　問10．お母さん／富樫くん　問11．エ　問12．Ⅰ．目　Ⅱ．腹　Ⅲ．手　問13．ア

二　問１．①長　②単　③故　④心　⑤体　問２．［言葉／意味］　①［ぬか／ク］　②［神／イ］　③［三日／ウ］　④［海路／カ］　⑤［論／エ］

三　⑴A．おいしそうな　B．林の　C．木は　⑵A．長い　B．きらきら　C．そめた　⑶A．氷に　B．呼ばれる　C．地下で

四　問１．分無刀　問２．②日本　③外国　問３．キジ　問４．a．極意　b．悲劇　c．災害　d．告　e．年賀状

《算　数》

1　⑴50587　⑵28.84　⑶$\frac{9}{16}$　⑷2560　⑸$3\frac{11}{12}$　⑹300　⑺6

2　⑴14　⑵3100　⑶1728　⑷75.36　⑸$\frac{5}{12}$

3　⑴4.5　⑵13.5　⑶252

4　⑴7　⑵5

5　⑴58　⑵25　⑶16

《英　語》

1　1)②　2)①　3)③　4)①

2　1)③　2)①　3)②　4)①

3　1)②　2)③　3)③　4)②

4　1)①　2)②

5　1)seven　2)Friday　3)science　4)door　5)chair

6　1)②　2)③　3)②　4)①　5)①

7　1)②　2)③　3)②　4)③

8　I want to be a doctor, so I study hard.／I study hard to be a doctor in the future.　などから１つ

《理　科》

1　⑴100　⑵120　⑶左／10　⑷240　⑸30　⑹550

2　⑴①エ　②イ　③オ　⑵ア，イ，エ　⑶食物連鎖　⑷オ　⑸光合成

3　⑴二酸化炭素　⑵エ　⑶X．112　Y．560　⑷50　⑸448　⑹10.7

4　⑴12，52　⑵11，46　⑶一番高くなる月…6　一番低くなる月…12　⑷③　⑸夏至の日…C　秋分の日…B

1 (3) 与式$=\frac{2}{3}\times\frac{9}{8}\times\frac{3}{4}=\frac{9}{16}$

(4) 与式＝2592－864÷(5＋22)＝2592－864÷27＝2592－32＝2560

(5) 与式$=\frac{11}{3}+\frac{3}{4}-\frac{1}{2}=\frac{44}{12}+\frac{9}{12}-\frac{6}{12}=\frac{47}{12}=3\frac{11}{12}$

(6) 与式＝100＋7×50－25×6＝100＋350－150＝300

(7) 与式＝333－332＋1.876－0.876＋7－6＋59－58＋22－21＋47－46＝1＋1＋1＋1＋1＋1＝6

2 (1) **【解き方】対角線は1つの頂点から4本ずつ引けるが，全部で4×7＝28(本)とすると，1本の対角線を2回ずつ数えていることになる。**

対角線は全部で，28÷2＝14(本)

(2) 1個の定価の70%$=\frac{70}{100}$が8680÷4＝2170(円)だから，定価は，2170÷$\frac{70}{100}$＝3100(円)

(3) **【解き方】シャープペンシル2本とノート2冊と消しゴム2個を買うと，472＋429＋251＝1152(円)になる。**

シャープペンシル3本とノート3冊と消しゴム3個を買うときの合計は，1152×$\frac{3}{2}$＝1728(円)

(4) **【解き方】できる立体は右図のように，底面の半径がBC＝3cmで高さがAC＝4cmの円柱から，底面の半径が3cmで高さが4cmの円すいをくり抜いた立体である。**

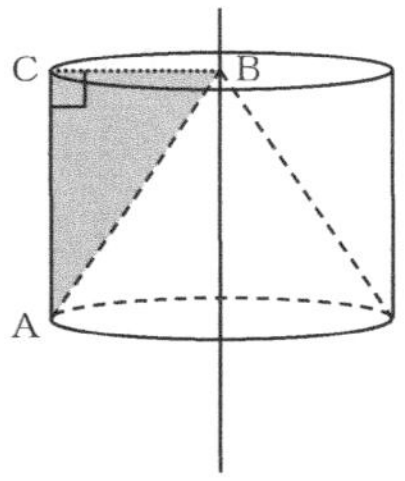

3×3×3.14×4－3×3×3.14×4÷3＝(36－12)×3.14＝24×3.14＝75.36(cm³)

(5) **【解き方】分母に注目すると，10の近くには5，2と10の約数があり，6の近くには3，2と6の約数があることから，分数は約分されていて，分母が2，4，6，8，10，…と連続する偶数になっていると考えられる。**

並んでいる分数を約分する前にもどして分母ごとにグループ分けすると，

$\frac{1}{2}\,|\,\frac{1}{4},\frac{2}{4}\,|\,\frac{1}{6},\frac{2}{6},\frac{3}{6}\,|\,\frac{1}{8},\frac{2}{8},\frac{3}{8},\frac{4}{8}\,|\,\frac{1}{10},\frac{2}{10},\frac{3}{10},\frac{4}{10},\frac{5}{10}$，…となる。

順にグループ1，グループ2，…とすると，グループ□には分母が□×2，分子が1，2，…となる□個の分数が並ぶ。1＋2＋3＋4＋5＝15だから，最初から15番目の分数はグループ5の最後の分数で，最初から20番目の分数はグループ6の20－15＝5(番目)の分数である。

グループ6の分数の分母は6×2＝12だから，求める分数は，$\frac{5}{12}$である。

3 (1) 3×3÷2＝4.5(cm²)

(2) **【解き方】図1の直角二等辺三角形4個分の面積から，重なっている部分の面積を引くと求められる。**

図1の直角二等辺三角形4個分の面積は，4.5×4＝18(cm²)

重なっている部分は，直角をはさむ2辺が3－1＝2(cm)の直角二等辺三角形が2個，直角をはさむ2辺が1cmの直角二等辺三角形が1個だから，斜線部分の面積は，18－(2×2÷2)×2－1×1÷2＝13.5(cm²)

(3) **【解き方】直角二等辺三角形が1個のときの面積から，三角形が1個増えるごとに右図の太線で囲んだ部分の面積が増えていく。**

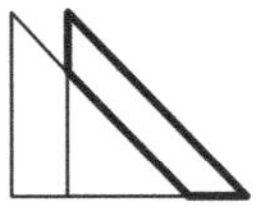

太線で囲んだ部分の面積は，4.5－2×2÷2＝2.5(cm²)

図1の直角二等辺三角形1個と太線部分を100－1＝99(個)合わせた図形の面積を求めるから，

4.5＋2.5×99＝4.5＋247.5＝252(cm²)

4 (1) **【解き方】2人が同じ目盛りで止まるのは，Aくんのカードが Bくんのカードより29－20＝9大きくなる場合である。**

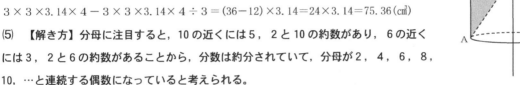

考えられる（Aくん，Bくん）のカードの組み合わせは，

（9，0），（10，1），（11，2），（12，3），（13，4），（14，5），（15，6）の7通りである。

(2) **【解き方】2人が同じ方向に進む場合は，カードの差が9になれば同じ目盛りで止まり，2人が向かい合って進む場合は，カードの和が9になれば同じ目盛りで止まる。**

2人が同じ方向に進むのは，2人とも奇数のカードを取るときか，2人とも偶数のカードを取るときである。

奇数と奇数，偶数と偶数の差はどちらも偶数になるから，この場合はいずれも同じ目盛りに止まらない。

次に2人が違う方向に進む場合を考える。

Aくんが偶数，Bくんが奇数のカードを取ると，2人ははなれていくから同じ目盛りで止まらない。

Aくんが奇数，Bくんが偶数のカードを取るとき，奇数と偶数の和が9になる組み合わせは，1と8，3と6，5と4，7と2だから，同じ目盛りで止まるカードの組み合わせは4通りである。

Aくんのカードが9，Bくんのカードが0の場合も入れると，求める場合の数は，4＋1＝5（通り）となる。

5 (1) バスケットボールを見た人は42人いたから，見ていない生徒は，100－42＝58（人）

(2) **【解き方】図にまとめると，右のようになる。B＋Cは野球とサッカーを見た8人，C＋Dは野球とバスケットボールを見た11人，C＋Fはサッカーとバスケットボールを見た18人である。**

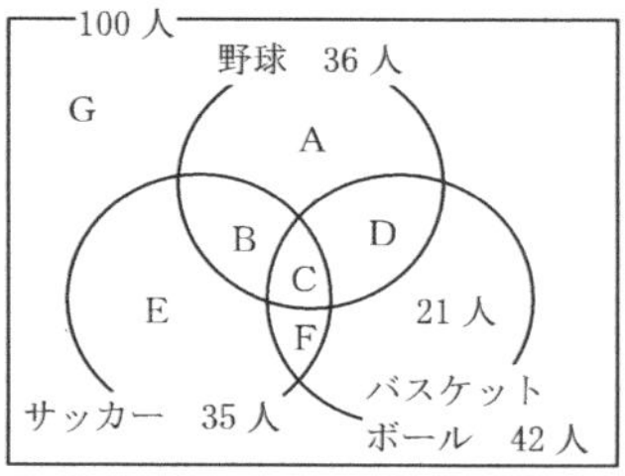

D＋C＋F＋21＝42で，C＋Fは18人だから，Dは，42－21－18＝3（人）

野球だけを見た人数は，Aで，36－（B＋C＋D）＝36－（8＋3）＝25（人）

(3) どれも見なかった生徒の人数は，Gである。1つ以上競技を見た人数は，

A＋B＋C＋D＋E＋F＋21＝A＋（B＋C＋E＋F）＋D＋21＝25＋35＋3＋21＝84（人）だから，どれも見なかった人数は，100－84＝16（人）

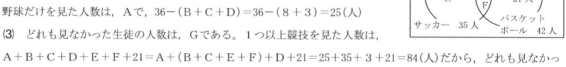

2021 解答例 令和３年度　大阪国際大和田中学校

《国　語》

一　問１．A．ウ　B．オ　C．エ　D．ア　E．イ　　問２．窓ぎわのいちばん後ろの席。　　問３．ウ
問４．③原田と自分がつきあっているという話。　④勉強や成績の話。　　問５．「選手のく／「あのかた
問６．オ　　問７．やってもできない木崎に比べて、なんでもできるのに全力を出さず手抜きする「おれ」をねたましく思った　　問８．山口が練習サボること　　問９．(1)ア　(2)低血圧は治ったのかということ。

二　問１．①喜　②気　③奇　④機　⑤器　　問２．①エ　②イ　③カ　④ア　⑤ウ

三　(1)A．歴史の　B．誕生した　C．地球にだけ　　(2)A．しとしと　B．どこからか　C．日に
(3)A．終わった　B．森の　C．絵が

四　問１．(1)ア　(2)［語／意味］　①［水／ア］　②［火／エ］　③［光／オ］　④［草／キ］　⑤［暗／イ］
問２．言葉は世につれ　　問３．a．種類　b．往復　c．下車　d．差額　e．幼

《算　数》

1　(1)16047　(2)1008　(3)13　(4)37.44　(5)200　(6)$\frac{4}{21}$　(7)$5\frac{3}{4}$

2　(1)520　(2)24.2　(3)16　(4)$7\frac{1}{17}$　(5)18

3　(1)17　(2)㉒

4　(1)15.7　(2)40　(3)$34\frac{8}{9}$

5　(1)14.4　(2)42　(3)２，16

《英　語》

1　１)③　２)②　３)②　４)①

2　１)②　２)③　３)①　４)②

3　１)③　２)③　３)①　４)②

4　１)③　２)③

5　１)twelve　２)April　３)train　４)color　５)camera

6　１)③　２)③　３)①　４)②　５)②

7　１)②　２)②　３)③　４)③

8　The boy's mother is angry because he broke the window.

《理　科》

1　(1)25　(2)70　(3)20　(4)35　(5)45

2　(1)イ　(2)ア，ウ　(3)4.5　(4)19　(5)ウ　(6)３

3　(1)しん食(作用)　(2)Ｖ字谷　(3)どろ　(4)ウ　(5)Ｘ　(6)生物が生育できるように，本来の環境に近づけるため。

4　(1)食物連鎖　(2)ア，オ　(3)ア，エ　(4)ア，ウ　(5)ウ　(6)①減る　②減る　③増える　④増える

2021 算数解説 令和３年度　大阪国際大和田中学校

1 ⑶　与式＝４＋８＋８÷４÷２＝12＋８×$\frac{1}{4}$×$\frac{1}{2}$＝12＋１＝13

⑸　与式＝100×1.1＋100×2.9−480×２÷$\frac{48}{10}$＝100×1.1＋100×2.9−480×２×$\frac{10}{48}$＝100×1.1＋100×2.9−100×２＝100×(1.1＋2.9−２)＝100×２＝200

⑹　与式＝$(\frac{1}{3}-\frac{1}{4})+(\frac{1}{4}-\frac{1}{5})+(\frac{1}{5}-\frac{1}{6})+(\frac{1}{6}-\frac{1}{7})=\frac{1}{3}-\frac{1}{7}=\frac{7}{21}-\frac{3}{21}=\frac{4}{21}$

⑺　与式＝$\frac{19}{3}-\frac{7}{2}\times(0.8-0.2)\times\frac{5}{18}=\frac{19}{3}-\frac{7}{2}\times\frac{3}{5}\times\frac{5}{18}=\frac{19}{3}-\frac{7}{12}=\frac{76}{12}-\frac{7}{12}=\frac{69}{12}=\frac{23}{4}=5\frac{3}{4}$

2 ⑴　キーホルダー１個の値段は630÷３＝210(円)だから，クッキー３箱の値段は1980−210×２＝1560(円)である。よって，クッキー１箱の値段は，1560÷３＝520(円)である。

⑵　標高が960ｍのときは，地上よりも0.6×$\frac{960}{100}$＝5.76(℃)気温が下がるから，求める気温は，30−5.76＝24.24より，約24.2℃である。

⑶　立方体は直方体でもあるので，直方体は立方体と面の数も辺の数も頂点の数も同じである。よって，右図より，表を完成させると右表のようになるので，求める値は，12＋４＝16

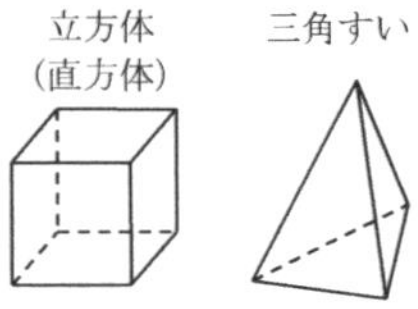

	直方体	立方体	三角すい
面の数	６個	６個	４個
辺の数	12本	12本	６本
頂点の数	８個	８個	４個

⑷　**【解き方１】三角形ＡＢＣの面積を利用し，ＣＤを，底辺をＡＢとしたときの高さとして考える。**

三角形ＡＢＣの面積は，ＢＣ×ＡＣ÷２＝15×８÷２＝60である。また，三角形ＡＢＣは底辺をＡＢ＝17とすると，高さがＣＤとなるので，ＣＤ＝60×２÷17＝$\frac{120}{17}$＝$7\frac{1}{17}$である。

【解き方２】三角形ＡＢＣと三角形ＡＣＤは同じ形の三角形だから，対応する辺の長さの比から求める。

ＢＣ：ＣＤ＝ＡＢ：ＡＣ＝17：８だから，ＣＤ＝ＢＣ×$\frac{8}{17}$＝15×$\frac{8}{17}$＝$\frac{120}{17}$＝$7\frac{1}{17}$である。

⑸　**【解き方】合計金額の比から，枚数の比を求める。**

合計金額の比は３：６：20だから，１円玉の合計金額が３×５＝15(円)のとき，５円玉の合計金額は６×５＝30(円)，10円玉の合計金額は20×５＝100(円)となる。よって，枚数の比は，(15÷１)：(30÷５)：(100÷10)＝15：６：10となるから，５円玉の枚数は，93×$\frac{6}{15+6+10}$＝18(枚)である。

3 ⑴　最も大きな数字は，①のタイルが１，②のタイルが１＋４＝５，③のタイルが５＋４＝９，④のタイルが９＋４＝13と，１から順に４ずつ増えているから，求める数字は，13＋４＝17である。

⑵　**【解き方】④のタイルに注目すると，タイルが３枚使われているのは，タイルの中で最も大きな数字より，13−５＝８または13−３＝10小さい数だとわかる。よって，タイルの中で最も大きな数字が77＋８＝85または77＋10＝87となるのが何番かを考えればよい。**

⑴より，タイルの中で最も大きな数は，４の倍数より１大きい数となるから，85÷４＝21余り１，87÷４＝21余り３より，条件に合うのは85のときだとわかる。(85−１)÷４＝21より，85は１より４×21だけ大きい数だから，求める番号は，①＋㉑＝㉒である。

4 (1)　5 × 2 ×3. 14÷ 2 = 5 ×3. 14=15. 7(cm)

(2)　**【解き方】ＯＱをひくと，三角形ＯＰＱと三角形ＯＡＱは二等辺三角形となる。**

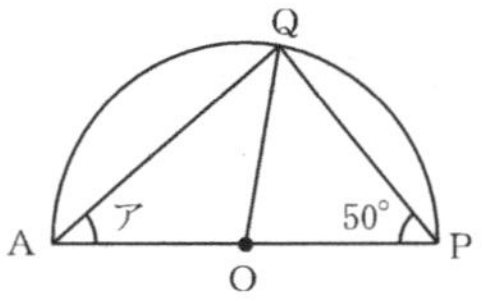

三角形ＯＰＱについて，ＯＰ＝ＯＱだから，角ＯＱＰ＝角ＯＰＱ＝50°

三角形ＯＰＱについて，三角形の１つの外角は，これととなりあわない２つの内角の和に等しいから，角ＡＯＱ＝50° ＋50° ＝100°

三角形ＯＡＱについて，ＯＡ＝ＯＱだから，角ア＝(180° －100°)÷ 2 ＝40°

(3)　**【解き方】斜線《しゃせん》部分の面積は，ⓐ<u>半径が 5 cmの半円</u>とⓑ<u>半径が 5 × 2 ＝10(cm)で中心角が角ア＝40° のおうぎ形</u>の面積を足して，そこからⓐの面積をひいて求められるから，ⓑの面積に等しい。**

$10\times10\times3.14\times\frac{40}{360}=\frac{100}{9}\times3.14=\frac{314}{9}=34\frac{8}{9}$(cm²)

5 (1)　3. 6 kmを 15 分＝$\frac{15}{60}$時間＝$\frac{1}{4}$時間で進んだのだから，求める速さは，時速$(3.6\div\frac{1}{4})$km＝時速 14. 4 kmである。

(2)　Ｑ駅で降りてから次の電車に乗るまでに３分かかっているので，止まらずにＰ駅からＲ駅まで移動した場合は，31－ 3 ＝28(分)，つまり，$\frac{28}{60}$時間＝$\frac{7}{15}$時間かかる。よって，求める道のりは，$90\times\frac{7}{15}$＝42(km)である。

(3)　**【解き方】午後 2 時 10 分にたかし君がどの位置にいたのかを確認し，そこから 2 人が出会う時間を考える。**

Ｒ駅から水族館までの道のりは，3. 3 km＝3300ｍである。たかし君はＲ駅に着いてから，２時 10 分－１時 55 分＝15 分間で，Ｒ駅から 120×15＝1800(m)進んだ位置まで移動した。このとき，２人の間の距離《きょり》は，3300－1800＝1500(m)であり，ここから２人の間の距離は１分間で 120＋130＝250(m)縮まるから，求める時間は，午後２時 10 分の 1500÷250＝６(分後)の午後２時 16 分である。

2020 解答例 令和２年度　大阪国際大和田中学校

《国　語》

一　1. ⅰ. ウ　ⅱ. エ　ⅲ. ア　ⅳ. イ　2. ⓒ　3. 川の向こうにある工場が、自分が昔空想して描いた工場にそっくりなので、近くまで行ってなんの工場か確かめたかったから。　4. エ　5. ぼくらは休　6. オ　7. 川の向こうにある工場　8. ア　9. ア　10. 細く見えていた海の水平線が進んで行くに従って、広く見えるようになったということ。　11. 少しでも早く工場にたどり着きたいというあせる気持ち。　12. 長い橋を渡り終えた　13. ア，ウ

二　①ア. 背　イ. 腹　②ウ. 上　エ. 下　③オ. すい〔別解〕酸い　カ. あまい〔別解〕甘い　④キ. 目　ク. 口　⑤ケ. 手　コ. あせ〔別解〕汗

三　①意気投合　②右往左往　③我田引水　④二束三文　⑤絶体絶命

四　①A. ための　B. 広場で　C. とても　②A. 南の　B. 世界を　C. ゆっくりと

五　①採点　②優等生　③就職　④好成績　⑤根源〔別解〕根元

《算　数》

1　(1)10270　(2)53　(3)314685　(4)$1\frac{1}{4}$　(5)453　(6)$60\frac{11}{72}$　(7)$2\frac{47}{50}$

2　(1)750　(2)116　(3)5.13　(4)15　(5)113.04

3　(1)①，③　(2)6　(3)81

4　(1)18　(2)右図

5　(1)30　(2)540　(3)675

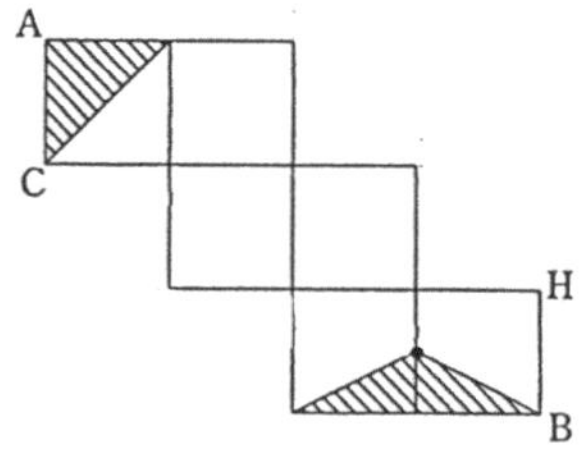

《理　科》

1　(1)①10　②20　(2)③16.5　④3.5　(3)⑤57.5　⑥13　⑦26

2　(1)酸素…ウ　二酸化炭素…オ　(2)A. イ　B. キ　(3)①16　②7.5　③1.4　④5.6

3　(1)エ　(2)紅葉　(3)イ　(4)エ

4　(1)X. 太陽　Y. 月　(2)ア　(3)一年の中で最も日の出から日の入りまでの時間が短い日　(4)①A　②エ　③ア　④エ

【算数の解説】

1　(2)　与式$=134-(19+4)\times2-35=134-23\times2-35=134-46-35=134-81=53$

(3)　与式$=315\times(1000-1)=315\times1000-315=315000-315=314685$

(4)　与式$=\frac{11}{4}\times\frac{12}{11}\div\frac{12}{5}=\frac{11}{4}\times\frac{12}{11}\times\frac{5}{12}=\frac{5}{4}=1\frac{1}{4}$

(5)　与式$=45.3\times5-2\times10\times4.53+0.7\times10\times45.3=45.3\times(5-2+7)=45.3\times10=453$

(6)　与式$=(100-25+20-35)+(\frac{1}{4}-\frac{1}{8}+\frac{1}{12}-\frac{1}{18})=60+(\frac{18}{72}-\frac{9}{72}+\frac{6}{72}-\frac{4}{72})=60+\frac{11}{72}=60\frac{11}{72}$

(7)　与式$=\frac{3}{100}\times\frac{14}{3}+3-1.25\times\frac{4}{25}=\frac{7}{50}+3-\frac{125}{100}\times\frac{4}{25}=3\frac{7}{50}-\frac{1}{5}=3\frac{7}{50}-\frac{10}{50}=2\frac{57}{50}-\frac{10}{50}=2\frac{47}{50}$

2 (1)　使ったのは2000円の，$\frac{3}{8}+\frac{1}{4}=\frac{5}{8}$だから，残りは$1-\frac{5}{8}=\frac{3}{8}$にあたる，$2000\times\frac{3}{8}=750$(円)

(2)　角アの大きさは，180度から●＋○の大きさを引けば求められる。
大きな三角形で，(●×２＋○×２＋52)度を足すと180度になるから，●×２＋○×２＝180－52＝128(度)である。
よって，●＋○＝128÷２＝64(度)だから，角ア＝180－64＝116(度)

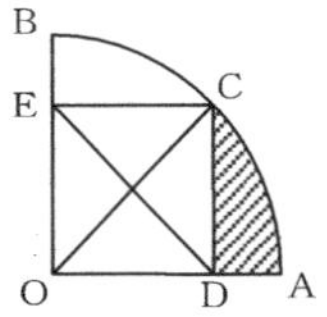

(3)　右のように作図する。四角形ＯＤＣＥは，対角線の長さが６cmの正方形である。
おうぎ形ＯＡＢの面積から，正方形ＯＤＣＥの面積を引いて，２で割ればしゃ線部分の面積が求められる。おうぎ形ＯＡＢの面積は，$6\times6\times3.14\times\frac{90}{360}=28.26$(cm²)
正方形ＯＤＣＥの面積は，６×６÷２＝18(cm²)だから，求める面積は，
(28.26－18)÷２＝5.13(cm²)

		小					
		1	2	3	4	5	6
大	1						○
	2			○			○
	3		○		○		○
	4			○			○
	5						○
	6	○	○	○	○	○	○

(4)　目の積が６の倍数になるものは，右表で○をつけた15通りある。

(5)　底面の半径が３cmで高さが６cmの円すいが２つできる。よって，求める体積は，
{(３×３×3.14)×６÷３}×２＝113.04(cm³)

3 (1)　有限小数になる数は，分母の数を素因数に分解すると，２と５だけをかけ合わせている。４＝２×２，10＝２×５だから，有限小数は①と③である。

(2)　$\frac{4}{11}=0.3636\cdots$と３と６が交互に現れる。小数第１位，３位，…と奇数位のときに３，偶数位に６が繰《く》り返されるから，小数第80位は６である。

(3)　この小数は，小数点以下1243の４つの数字を周期として繰り返している。周期の和は１＋２＋４＋３＝10だから，201÷10＝20あまり１より，合計が201となるのは，４×20＋１＝81より，周期を20回繰り返した後の１番目の小数第81位である。

4 (1)　三角すいの体積は，(底面積)×(高さ)÷３で求めることができる。
三角形ＡＢＭの面積は，ＡＢ×ＡＭ÷２＝６×３÷２＝９(cm²)で，三角すいＣ－ＡＢＭの底面を三角形ＡＢＭとしたときの高さはＡＣにあたるから，求める体積は，９×６÷３＝18(cm³)

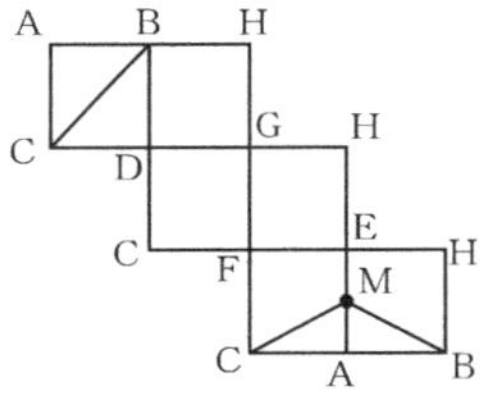

(2)　色がぬられているのは，三角形ＡＢＣと三角形ＡＢＭと三角形ＡＣＭである。
展開図の残りの点を記入すると右のようになるから，解答例の部分をぬればよい。

5 (1)　グラフから，Ｂさんは，７時46分から８時22分までの36分間で1080m進んだことがわかるから，求める速さは，分速(1080÷36)m＝分速30m

(2)　７時46分から８時４分までは18分間だから，Ｂさんが進んだ道のりはＫ駅から，30×18＝540(m)

(3)　ＡさんがＯ中学校を出発したとき，ＡさんとＢさんは1080－540＝540(m)はなれている。Ａさんが進む速さは，分速(1080÷12)m＝分速90mである。ＡさんがＯ中学校を出発してから出会うまでに進む道のりの比は，２人の速さの比に等しく，90：30＝３：１である。よって，Ｂさんは，ＡさんがＯ中学校を出発してからすれちがうまでに，$540\times\frac{1}{1+3}=135$(m)進むから，すれちがう地点はＫ駅から，540＋135＝675(m)

■ ご使用にあたってのお願い・ご注意

（1）問題文等の非掲載

著作権上の都合により，問題文や図表などの一部を掲載できない場合があります。

誠に申し訳ございませんが，ご了承くださいますようお願いいたします。

（2）過去問における時事性

過去問題集は，学習指導要領の改訂や社会状況の変化，新たな発見などにより，現在とは異なる表記や解説になっている場合があります。過去問の特性上，出題当時のままで出版していますので，あらかじめご了承ください。

（3）配点

学校等から配点が公表されている場合は，記載しています。公表されていない場合は，記載していません。

独自の予想配点は，出題者の意図と異なる場合があり，お客様が学習するうえで誤った判断をしてしまう恐れがあるため記載していません。

（4）無断複製等の禁止

購入された個人のお客様が，ご家庭でご自身またはご家族の学習のためにコピーをすることは可能ですが，それ以外の目的でコピー，スキャン，転載（ブログ，ＳＮＳなどでの公開を含みます）などをすることは法律により禁止されています。学校や学習塾などで，児童生徒のためにコピーをして使用することも法律により禁止されています。

ご不明な点や，違法な疑いのある行為を確認された場合は，弊社までご連絡ください。

（5）けがに注意

この問題集は針を外して使用します。針を外すときは，けがをしないように注意してください。また，表紙カバーや問題用紙の端で手指を傷つけないように十分注意してください。

（6）正誤

制作には万全を期しておりますが，万が一誤りなどがございましたら，弊社までご連絡ください。

なお，誤りが判明した場合は，弊社ウェブサイトの「ご購入者様のページ」に掲載しておりますので，そちらもご確認ください。

■ お問い合わせ

解答例，解説，印刷，製本など，問題集発行におけるすべての責任は弊社にあります。

ご不明な点がございましたら，弊社ウェブサイトの「お問い合わせ」フォームよりご連絡ください。迅速に対応いたしますが，営業日の都合で回答に数日を要する場合があります。

ご入力いただいたメールアドレス宛に自動返信メールをお送りしています。自動返信メールが届かない場合は，「よくある質問」の「メールの問い合わせに対し返信がありません。」の項目をご確認ください。

また弊社営業日（平日）は，午前９時から午後５時まで，電話でのお問い合わせも受け付けています。

2025春

教英出版

株式会社教英出版

〒422-8054　静岡県静岡市駿河区南安倍３丁目 12-28

TEL　054-288-2131　　FAX　054-288-2133

URL　https://kyoei-syuppan.net/

MAIL siteform@kyoei-syuppan.net

教英出版の中学受験対策

中学受験面接の基本がここに！
知っておくべき面接試問の要領

面接試験に，落ち着いて自信をもってのぞむためには，あらかじめ十分な準備をしておく必要があります。面接の心得や，受験生と保護者それぞれへの試問例など，面接対策に必要な知識を１冊にまとめました。

- 面接の形式や評価のポイント，マナー，当日までの準備など，面接の基本をていねいに指南「面接はこわくない！」
- 書き込み式なので，質問例に対する自分の答えを整理して本番直前まで使える
- ウェブサイトで質問音声による面接のシミュレーションができる

定価：770円(本体700円+税)

入試テクニックシリーズ

必修編

基本をおさえて実力アップ！
1冊で入試の全範囲を学べる！
基礎力養成に最適！

こんな受験生には必修編がおすすめ！

- 入試レベルの問題を解きたい
- 学校の勉強とのちがいを知りたい
- 入試問題を解く基礎力を固めたい

定価：1,100円(本体1,000+税)

発展編

応用力強化で合格をつかむ！
有名私立中の問題で
最適な解き方を学べる！

こんな受験生には発展編がおすすめ！

- もっと難しい問題を解きたい
- 難関中学校をめざしている
- 子どもに難問の解法を教えたい

定価：1,760円(本体1,600+税)

絶賛販売中！

詳しくは教英出版で検索

教英出版 検索

URL https://kyoei-syuppan.net/

神奈川県

①[県立]相模原中等教育学校
　　　　平塚中等教育学校
②[市立]南高等学校附属中学校
③[市立]横浜サイエンスフロンティア高等学校附属中学校
④[市立]川崎高等学校附属中学校
✿⑤聖光学院中学校
✿⑥浅野中学校
⑦洗足学園中学校
⑧法政大学第二中学校
⑨逗子開成中学校(1次)
⑩逗子開成中学校(2・3次)
⑪神奈川大学附属中学校(第1回)
⑫神奈川大学附属中学校(第2・3回)
⑬栄光学園中学校
⑭フェリス女学院中学校

新潟県

①[県立]村上中等教育学校
　　　　柏崎翔洋中等教育学校
　　　　燕中等教育学校
　　　　津南中等教育学校
　　　　直江津中等教育学校
　　　　佐渡中等教育学校
②[市立]高志中等教育学校
③新潟第一中学校
④新潟明訓中学校

石川県

①[県立]金沢錦丘中学校
②星稜中学校

福井県

①[県立]高志中学校

山梨県

①山梨英和中学校
②山梨学院中学校
③駿台甲府中学校

長野県

①[県立]屋代高等学校附属中学校
　　　　諏訪清陵高等学校附属中学校
②[市立]長野中学校

岐阜県

①岐阜東中学校
②鶯谷中学校
③岐阜聖徳学園大学附属中学校

静岡県

①[国立]静岡大学教育学部附属中学校
　　　　(静岡・島田・浜松)
②[県立]清水南高等学校中等部
　[県立]浜松西高等学校中等部
　[市立]沼津高等学校中等部
③不二聖心女子学院中学校
④日本大学三島中学校
⑤加藤学園暁秀中学校
⑥星陵中学校
⑦東海大学付属静岡翔洋高等学校中等部
⑧静岡サレジオ中学校
⑨静岡英和女学院中学校
⑩静岡雙葉中学校
⑪静岡聖光学院中学校
⑫静岡学園中学校
⑬静岡大成中学校
⑭城南静岡中学校
⑮静岡北中学校
⑯常葉大学附属常葉中学校
　常葉大学附属橘中学校
　常葉大学附属菊川中学校
⑰藤枝明誠中学校
⑱浜松開誠館中学校
⑲静岡県西遠女子学園中学校
⑳浜松日体中学校
㉑浜松学芸中学校

愛知県

①[国立]愛知教育大学附属名古屋中学校
②愛知淑徳中学校
③名古屋経済大学市邨中学校
　名古屋経済大学高蔵中学校
④金城学院中学校
⑤椙山女学園中学校
⑥東海中学校
⑦南山中学校男子部
⑧南山中学校女子部
⑨聖霊中学校
⑩滝中学校
⑪名古屋中学校
⑫大成中学校
⑬愛知中学校
⑭星城中学校
⑮名古屋葵大学中学校
　(名古屋女子大学中学校)
⑯愛知工業大学名電中学校
⑰海陽中等教育学校(特別給費生)
⑱海陽中等教育学校(I・II)
⑲中部大学春日丘中学校
新刊⑳名古屋国際中学校

三重県

①[国立]三重大学教育学部附属中学校
②暁中学校
③海星中学校
④四日市メリノール学院中学校
⑤高田中学校
⑥セントヨゼフ女子学園中学校
⑦三重中学校
⑧皇學館中学校
⑨鈴鹿中等教育学校
⑩津田学園中学校

滋賀県

①[国立]滋賀大学教育学部附属中学校
②[県立]河瀬中学校
　　　　守山中学校
　　　　水口東中学校

京都府

①[国立]京都教育大学附属桃山中学校
②[府立]洛北高等学校附属中学校
③[府立]園部高等学校附属中学校
④[府立]福知山高等学校附属中学校
⑤[府立]南陽高等学校附属中学校
⑥[市立]西京高等学校附属中学校
⑦同志社中学校
⑧洛星中学校
⑨洛南高等学校附属中学校
⑩立命館中学校
⑪同志社国際中学校
⑫同志社女子中学校(前期日程)
⑬同志社女子中学校(後期日程)

大阪府

①[国立]大阪教育大学附属天王寺中学校
②[国立]大阪教育大学附属平野中学校
③[国立]大阪教育大学附属池田中学校

④[府立]富田林中学校

⑤[府立]咲くやこの花中学校

⑥[府立]水都国際中学校

⑦清風中学校

⑧高槻中学校（A日程）

⑨高槻中学校（B日程）

⑩明星中学校

⑪大阪女学院中学校

⑫大谷中学校

⑬四天王寺中学校

⑭帝塚山学院中学校

⑮大阪国際中学校

⑯大阪桐蔭中学校

⑰開明中学校

⑱関西大学第一中学校

⑲近畿大学附属中学校

⑳金蘭千里中学校

㉑金光八尾中学校

㉒清風南海中学校

㉓帝塚山学院泉ヶ丘中学校

㉔同志社香里中学校

㉕初芝立命館中学校

㉖関西大学中等部

㉗大阪星光学院中学校

兵庫県

①[国立]神戸大学附属中等教育学校

②[県立]兵庫県立大学附属中学校

③雲雀丘学園中学校

④関西学院中学部

⑤神戸女学院中学部

⑥甲陽学院中学校

⑦甲南中学校

⑧甲南女子中学校

⑨灘中学校

⑩親和中学校

⑪神戸海星女子学院中学校

⑫滝川中学校

⑬啓明学院中学校

⑭三田学園中学校

⑮淳心学院中学校

⑯仁川学院中学校

⑰六甲学院中学校

⑱須磨学園中学校（第1回入試）

⑲須磨学園中学校（第2回入試）

⑳須磨学園中学校（第3回入試）

㉑白陵中学校

㉒夙川中学校

奈良県

①[国立]奈良女子大学附属中等教育学校

②[国立]奈良教育大学附属中学校

③[県立]{国際中学校／青翔中学校

④[市立]一条高等学校附属中学校

⑤帝塚山中学校

⑥東大寺学園中学校

⑦奈良学園中学校

⑧西大和学園中学校

和歌山県

①[県立]{古佐田丘中学校／向陽中学校／桐蔭中学校／日高高等学校附属中学校／田辺中学校

②智辯学園和歌山中学校

③近畿大学附属和歌山中学校

④開智中学校

岡山県

①[県立]岡山操山中学校

②[県立]倉敷天城中学校

③[県立]岡山大安寺中等教育学校

④[県立]津山中学校

⑤岡山中学校

⑥清心中学校

⑦岡山白陵中学校

⑧金光学園中学校

⑨就実中学校

⑩岡山理科大学附属中学校

⑪山陽学園中学校

広島県

①[国立]広島大学附属中学校

②[国立]広島大学附属福山中学校

③[県立]広島中学校

④[県立]三次中学校

⑤[県立]広島叡智学園中学校

⑥[市立]広島中等教育学校

⑦[市立]福山中学校

⑧広島学院中学校

⑨広島女学院中学校

⑩修道中学校

⑪崇徳中学校

⑫比治山女子中学校

⑬福山暁の星女子中学校

⑭安田女子中学校

⑮広島なぎさ中学校

⑯広島城北中学校

⑰近畿大学附属広島中学校福山校

⑱盈進中学校

⑲如水館中学校

⑳ノートルダム清心中学校

㉑銀河学院中学校

㉒近畿大学附属広島中学校東広島校

㉓AICJ中学校

㉔広島国際学院中学校

㉕広島修道大学ひろしま協創中学校

山口県

①[県立]{下関中等教育学校／高森みどり中学校

②野田学園中学校

徳島県

①[県立]{富岡東中学校／川島中学校／城ノ内中等教育学校

②徳島文理中学校

香川県

①大手前丸亀中学校

②香川誠陵中学校

愛媛県

①[県立]{今治東中等教育学校／松山西中等教育学校

②愛光中学校

③済美平成中等教育学校

④新田青雲中等教育学校

高知県

①[県立]{安芸中学校／高知国際中学校／中村中学校

福岡県

①[国立]福岡教育大学附属中学校（福岡・小倉・久留米）

②[県立]
- 育徳館中学校
- 門司学園中学校
- 宗像中学校
- 嘉穂高等学校附属中学校
- 輝翔館中等教育学校

③西南学院中学校
④上智福岡中学校
⑤福岡女学院中学校
⑥福岡雙葉中学校
⑦照曜館中学校
⑧筑紫女学園中学校
⑨敬愛中学校
⑩久留米大学附設中学校
⑪飯塚日新館中学校
⑫明治学園中学校
⑬小倉日新館中学校
⑭久留米信愛中学校
⑮中村学園女子中学校
⑯福岡大学附属大濠中学校
⑰筑陽学園中学校
⑱九州国際大学付属中学校
⑲博多女子中学校
⑳東福岡自彊館中学校
㉑八女学院中学校

佐賀県

①[県立]
- 香楠中学校
- 致遠館中学校
- 唐津東中学校
- 武雄青陵中学校

②弘学館中学校
③東明館中学校
④佐賀清和中学校
⑤成穎中学校
⑥早稲田佐賀中学校

長崎県

①[県立]
- 長崎東中学校
- 佐世保北中学校
- 諫早高等学校附属中学校

②青雲中学校
③長崎南山中学校
④長崎日本大学中学校
⑤海星中学校

熊本県

①[県立]
- 玉名高等学校附属中学校
- 宇土中学校
- 八代中学校

②真和中学校
③九州学院中学校
④ルーテル学院中学校
⑤熊本信愛女学院中学校
⑥熊本マリスト学園中学校
⑦熊本学園大学付属中学校

大分県

①[県立]大分豊府中学校
②岩田中学校

宮崎県

①[県立]五ヶ瀬中等教育学校
②[県立]
- 宮崎西高等学校附属中学校
- 都城泉ヶ丘高等学校附属中学校

③宮崎日本大学中学校
④日向学院中学校
⑤宮崎第一中学校

鹿児島県

①[県立]楠隼中学校
②[市立]鹿児島玉龍中学校
③鹿児島修学館中学校
④ラ・サール中学校
⑤志學館中等部

沖縄県

①[県立]
- 与勝緑が丘中学校
- 開邦中学校
- 球陽中学校
- 名護高等学校附属桜中学校

もっと過去問シリーズ

北海道

北嶺中学校
7年分(算数・理科・社会)

静岡県

静岡大学教育学部附属中学校
(静岡・島田・浜松)
10年分(算数)

愛知県

愛知淑徳中学校
7年分(算数・理科・社会)
東海中学校
7年分(算数・理科・社会)
南山中学校男子部
7年分(算数・理科・社会)
南山中学校女子部
7年分(算数・理科・社会)
滝中学校
7年分(算数・理科・社会)
名古屋中学校
7年分(算数・理科・社会)

岡山県

岡山白陵中学校
7年分(算数・理科)

広島県

広島大学附属中学校
7年分(算数・理科・社会)
広島大学附属福山中学校
7年分(算数・理科・社会)
広島学院中学校
7年分(算数・理科・社会)
広島女学院中学校
7年分(算数・理科・社会)
修道中学校
7年分(算数・理科・社会)
ノートルダム清心中学校
7年分(算数・理科・社会)

愛媛県

愛光中学校
7年分(算数・理科・社会)

福岡県

福岡教育大学附属中学校
(福岡・小倉・久留米)
7年分(算数・理科・社会)
西南学院中学校
7年分(算数・理科・社会)
久留米大学附設中学校
7年分(算数・理科・社会)
福岡大学附属大濠中学校
7年分(算数・理科・社会)

佐賀県

早稲田佐賀中学校
7年分(算数・理科・社会)

長崎県

青雲中学校
7年分(算数・理科・社会)

鹿児島県

ラ・サール中学校
7年分(算数・理科・社会)

※もっと過去問シリーズは国語の収録はありません。

教英出版
〒422-8054
静岡県静岡市駿河区南安倍3丁目12-28
TEL 054-288-2131
FAX 054-288-2133
詳しくは教英出版で検索
教英出版 検索
URL https://kyoei-syuppan.net/

大阪国際中学校

令和６年度入学試験問題

１次Ａ日程

国　語

（50分）

受験上の注意

（１）合図があるまで開いてはいけません。

（２）解答はすべて解答用紙に記入しなさい。
　　解答用紙は問題用紙の中に折り込んであります。

（３）終わったら解答用紙は裏返して机の上に置きなさい。

（４）問題用紙は持ち帰ってはいけません。もとのように折り、解答用紙とは別にして机の上に置きなさい。

（５）字数指定がある問題は、句読点やカッコなども一字に数えます。

受験番号		名前	

2024(R6) 大阪国際中
K 教英出版

一

次の文章（バスケットボールの試合の場面）を読んで、あとの問いに答えなさい。

お詫び

著作権上の都合により、文章は掲載しておりません。

ご不便をおかけし、誠に申し訳ございません。

教英出版

お詫び

著作権上の都合により、文章は掲載しておりません。
ご不便をおかけし、誠に申し訳ございません。

教英出版

お詫び

著作権上の都合により、文章は掲載しておりません。

ご不便をおかけし、誠に申し訳ございません。

教英出版

お詫び

著作権上の都合により、文章は掲載しておりません。
ご不便をおかけし、誠に申し訳ございません。

教英出版

（伊坂幸太郎『逆ソクラテス』「アンスポーツマンライク」より）

※前のコーチ…あとに出てくるおじいちゃんコーチと同一人物
磯憲…現在のコーチ
膠着状態…ある事態が固定してほとんど進展しないこと
リスタート…ここでは相手ボールから再開すること

問1　空らん A ～ D に入る人物としてもっとも適切なものを、あとのア～オよりそれぞれ一つ選び、記号で答えなさい。

ア　匠　　イ　三津桜　　ウ　剛央　　エ　歩　　オ　駿介

問2　傍線部①「行かないことには無理だ」とありますが、行かなければどうなってしまうのですか。本文中の語句を用いて、二十字以内で説明しなさい。

問3　傍線部②「うまくいけば最高だが、駄目だった時は最悪の展開」とありますが、これを言いかえた表現を、本文中より四字で抜き出しなさい。

問4　傍線部③「匠は、僕とは違い、いつだって冷静で、躊躇がない」とありますが、「匠」とは違う「僕」の性格がわかるところを本文中より十五字で抜き出しなさい。

問5　傍線部④「頭の中で、ストップウォッチが、というよりも砂時計の砂が恐ろしい速さで、落ちていく」とありますが、このたとえによる表現効果の説明としてもっとも適切なものを、あとのア～オより一つ選び、記号で答えなさい。

ア　試合の残り時間を、砂時計の砂が落ちる速度にたとえることで、より正確に感じさせる効果がある。

イ　具体的な時間の経過がわからなくなるほど、直前の出来事に興奮していることを表現する効果がある。

ウ　味方が逆転ゴールを決めたので、あとは早く時間が過ぎてほしいと強く願う心情を表現する効果がある。

エ　いつ終わるかわからない不安と、確実に終わりに近づいている焦りを感じていることを表現する効果がある。

オ　残り少ない時間で自分のすべきことに考えを巡《めぐ》らせ、目の前の相手に集中する様子を感じさせる効果がある。

問6　空らん【　X　】、【　Y　】にあてはまる言葉を、本文中よりそれぞれ五字で抜き出しなさい。

問7　傍線部⑤「一人では自信がなかったが、二人なら、と思った」とありますが、「僕」が一人では自信がなかったのはなぜですか。本文中の語句を用いて、八十字以内で説明しなさい。

問8　本文から読みとることのできる人物の説明として適切なものを、あとのア～オより**二つ**選び、記号で答えなさい。

ア　「三津桜」は、平和主義のため、試合のなかで、シュートを積極的に打つタイプではないが、ルーズボールを制するのが得意である。

イ　「剛央」は、自分より身長の大きい相手でも跳ぶ勢いとタイミングで競り勝ち、必ずリバウンドをとってきたことで仲間からの信頼を得ている。

ウ　「僕」は、消極的なところがあり、自分一人ではなかなか思い切った行動はとれない性格なので、他の人に頼ってしまうことも多い人物である。

エ　「駿介」は、仲間のことを信じてプレイできる人物であるが、ゴール後にガッツポーズをするなど場の雰囲気《ふんいき》に合わない行動をとることがある。

オ　「匠」は、仲間が歓喜しているなかでも冷静に言葉を発したり、状況に応じてリスクを恐れない行動を取ったりすることができる人物である。

二

次のことわざ、慣用句の問いに答えなさい。

問1　次の空らんに数字を使った言葉を入れ、ことわざ、慣用句を完成させなさい。

①　氷山の□　②　瓜《うり》□　③　親の光は□　④　□に余る　⑤　嘘《うそ》□

問2　次の慣用句の意味として適切なものをそれぞれ選び、記号で答えなさい。

①情けは人のためならず

ア　人に情けをかけておけば、いつかは自分のためになるということ。

イ　情けをかけることは、かえってその人のためにならないということ。

ウ　人に情けをかけることで、自分がいい気分を味わえるということ。

②役不足

ア　役や仕事に対して実力が不足している。

イ　人数に対して役割や仕事が不足している。

ウ　実力に対して役や仕事が軽いものである。

③浮《う》き足立つ

ア　いらだちや興奮で落ち着かない。

イ　不安や緊張《きんちょう》で落ち着かない。

ウ　楽しみや喜びで落ち着かない。

④檄《げき》を飛ばす

ア　励《はげ》ましたり、気合を入れたりする。

イ　自分の考えを広く人々に知らせる。

ウ　相手のことを思い、しかりつける。

⑤気が置けない

ア　気をつかわなくていい。

イ　油断ができない。

ウ　ひけ目を感じて遠慮する。

三　次の各文の言葉同士の関係を図のように整理すると、空らん［A］～［C］に入る言葉はどれになりますか。例を参考にして答えなさい。

（例）わたしには　二人の　少年の　会話が　とても　はっきりと　聞こえた　。

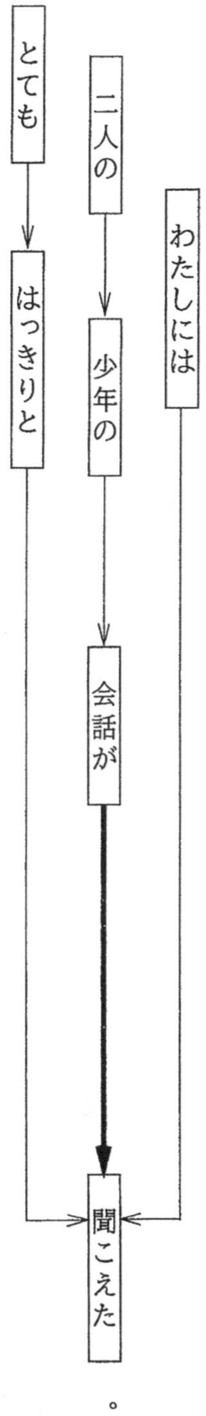

(1)　数年前から　必死に　練習を　続けた　姉は　ギターを　弾《ひ》くのが　とても　上手に　なった。

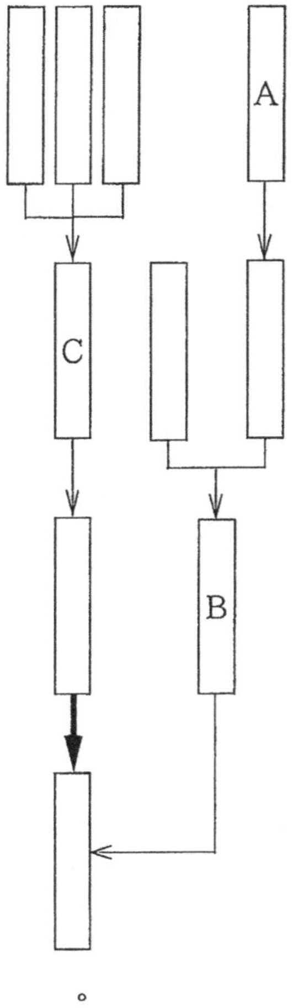

(2)　きらきらと　またたく　たくさんの　星に　いろどられた　とても　寒い　冬の　美しい　夜空で　ひときわ
かがやく　土星が　まん丸の　月に　近づいた。

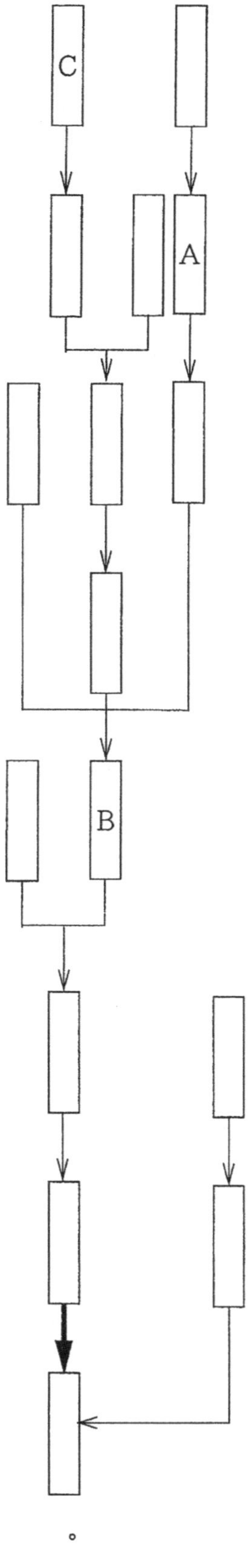

(3)　ある　山岳《さんがく》地帯には　子どもたちに　すばらしい　教育を　受けさせたいとの　思いから　子どもを　大きな
ビニール袋《ぶくろ》に　入れて　橋の　ない　急流を　渡る　親が　いる。

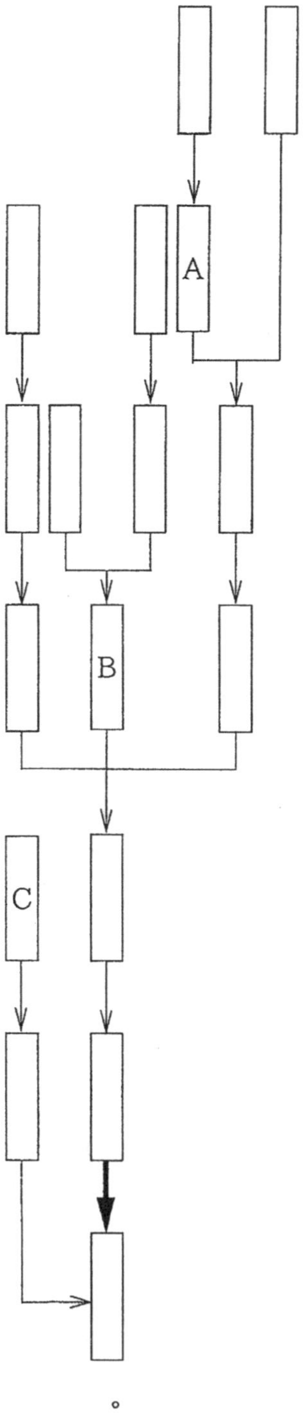

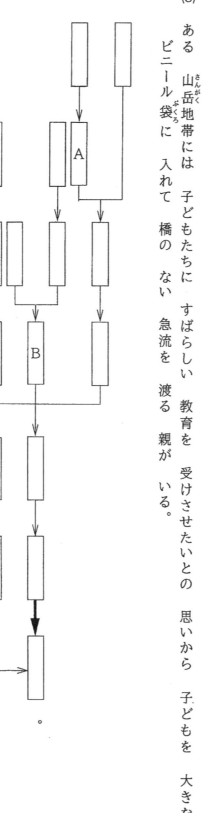

四　次の文章を読んで、あとの問いに答えなさい。

緑に紫《むらさき》、黄色とカラフルなランドセルがヒャッカテン[a]の売り場に並んでいた。ライシュン[b]の入学準備がもう始まっているのだとか。赤いランドセルを眺《なが》めていたら、店員に「お嬢《じょう》さんですか」と話しかけられた。何年も昔の、我が子のランドセル選びを思いだした。入学前の兄についてきたオサナい[c]次男は真っ赤なランドセルを背負い、これにしたいとご満悦《まんえつ》。つい「女の子がよく選ぶ色かもよ」と言ってしまったのだ。後悔《こうかい》が残る。「男の子／女の子だからと思うことがあるか」。小学5、6年生を対象にこんな質問をしたところ、4割が「そう思う」と答えたと、東京都が先月公表した。この子どもたちは、親や教師から「男の子／女の子なんだから」と言われた経験を持つ割合が高かったそうだ。固定観念は時に現実をむしばむ。「　　　」という偏見《へんけん》を意識しながら数学試験に臨《のぞ》んだ女性は、点数が低くなるという実験結果がある。能力の発揮を妨《さまた》げる「ステレオタイプ脅威《きょうい》」と呼ばれる現象だ。性別だけでなく、人種や年齢《ねんれい》などでも同様の結果が出るという。テイショウ[d]した社会心理学者クロード・スティール氏はチョショ[e]『ステレオタイプの科学』で、この脅威が「あらゆる人に何らかの影響《えいきょう》を与《あた》えている」と述べた。「かばんの色」というささいに思える出来事も、地続きなのだろう。次男は翌年、灰色のランドセルを選んだ。何げない大人の一言が、もしかしたら子どもの道を狭《せば》めていないか。そんなことを思い返してしまう季節である。

（二〇二三年四月二十三日朝日新聞朝刊「天声人語」より）

問1　空らん　　　に入る表現としてもっとも適切なものを、あとのア～カより一つ選び、記号で答えなさい。

ア　男性は数学に強い　　イ　男性は数学に弱い
ウ　女性は数学に強い　　エ　女性は数学に弱い
オ　人類は数学に強い　　カ　人類は数学に弱い

問2　傍線部「何げない大人の一言が、もしかしたら子どもの道を狭めていないか」について次の問いに答えなさい。
(1)　筆者が言ってしまったと考えている「何げない大人の一言」を本文中より十二字で抜き出しなさい。
(2)　筆者が「道を狭めていないか」と考えた理由にあたる部分を本文中より一文で抜き出しなさい。

問3　二重傍線部a～eのカタカナを漢字に直しなさい。

令和６年度 大阪国際中学校 入学試験一次Ａ日程（英語）リスニングスクリプト

第1問 これから、それぞれのイラストについて、英語の文が3つ流れます。イラストに合っているものをひとつ選び、解答用紙の番号に○をつけなさい。英語の文は2回流れます。メモを取っても構いません。それでは始めます。

※音声は収録しておりません

Question 1)
1 It'll be cloudy tonight.
2 It'll be rainy tonight.
3 It'll be clear tonight.

Question 2)
1 You see three animals and two trees in the picture.
2 You see two animals and two trees in the picture.
3 You see two animals and three trees in the picture.

Question 3)
1 The boy needs a pair of scissors.
2 The boy needs a compass.
3 The boy needs a ruler.

Question 4)
1 He became the champion in the contest.
2 He missed the first prize in the contest.
3 He didn't take part in the contest.

第2問 イラストを参考にしながら、これから流れるそれぞれの質問に対して、答えとして最も適切なものを、①~③の英文から選び、解答用紙の番号に○をつけなさい。質問は2回流れます。メモを取っても構いません。それでは始めます。

Question 1) How many books are there on the desk?

Question 2) Hey, do you think more people are coming to Japan?

Question 3) What should you say to the person?

Question 4) What did you do last Sunday?

第3問 これから流れる対話と質問を聞いて、その答えとして最も適切なものを①~③から選び、解答用紙の番号に○をつけなさい。対話と質問は2回流れます。メモを取っても構いません。それでは始めます。

Question 1)

男性: Excuse me, but is there a supermarket near here?

女性: Sorry, but I'm a stranger here.

男性: I'd like to buy something to drink.

女性: Oh, I saw a convenience store near here. It'll take a few minutes from here.

Question: Where is the man going to go?

Question 2)

男性: Mom, I will go to the library to finish my homework.

女性: That's a good idea. You'll find a lot of information there.

男性: Right. This is my second time to go there.

女性: Please come home by 5:00 p.m. We'll eat out tonight.

Question: How many times will the boy have been to the library?

Question 3)

男性: Saori, which do you like better, cats or dogs?

女性: I like cats better. I don't like to walk a dog every day.
Why do you ask me such a question?

男性: Hmm, I'm wondering which I should have as a pet.

女性: I think you should get a dog. You always say you need more exercise.

Question: Why does Saori tell him to get a dog?

Question 4)

女性: Hi, Jason. What are you doing this weekend?

男性: Hi, Saori. I'd like to watch a movie, but I don't know what to watch.

女性: Hmm, what about the Japanese anime? It's showing in the theater in town right now.

男性: That sounds great. Do you want to come with me? I don't like watching a movie alone.

女性: Why not?

Question: What will Jason do this weekend?

第4問 これから流れる英文と質問を聞いて、その答えとして最も適切なものを①～③から選び、解答用紙の番号に○をつけなさい。英文と質問は2回流れます。メモを取っても構いません。それでは始めます。

Question 1)

Around us, there are a lot of English words such as PC, USJ, or DIY. PC stands for ‘personal computer,’ USJ means ‘Universal Studios Japan,’ and DIY comes from “Do it yourself.” What about BFF? Does it mean “Be friendly for fun” or “Before best friends”? No. It means “Best friends forever.”

Question: What does BFF mean?

Question 2)

Satsuki is a ten-year-old girl. She likes books very much. One day, she found a beautiful book in her father’s room, and asked her mother to read it to her. Her mother opened it and found that it was not a book but his diary. Of course, she didn’t read it to Satsuki, but read it to herself.

Question: What did Satsuki’s mother do?

大阪国際中学校

令和６年度入学試験問題

１次Ａ日程

理　科

（30分）

―――受験上の注意―――

（１）合図があるまで開いてはいけません。

（２）解答はすべて解答用紙に記入しなさい。
　　解答用紙は問題用紙の中に折《お》り込《こ》んであります。

（３）終わったら解答用紙は裏返して机の上に置きなさい。

（４）問題用紙は持ち帰ってはいけません。もとのように折り、
　　解答用紙とは別にして机の上に置きなさい。

（５）語句を答える場合、教科書に漢字で書かれているものについては、漢字を用いて答えなさい。

受験番号		名前	

1 “さおばかり”は古代ローマ時代に発明された、ものの重さを量る器具であり、持ち運びも便利なため、広く重宝されました。さおばかりはてこの原理を利用しており、おもりの位置を調節することで皿にのせるものの重さを量ることができます。下図のような 100cm の長さの棒（さお）、80 g のおもりを用いたさおばかりについて、あとの問いに答えなさい。ただし、棒や糸の重さは無視できるものとするが、問 5 のみ棒の重さを考えて答えなさい。

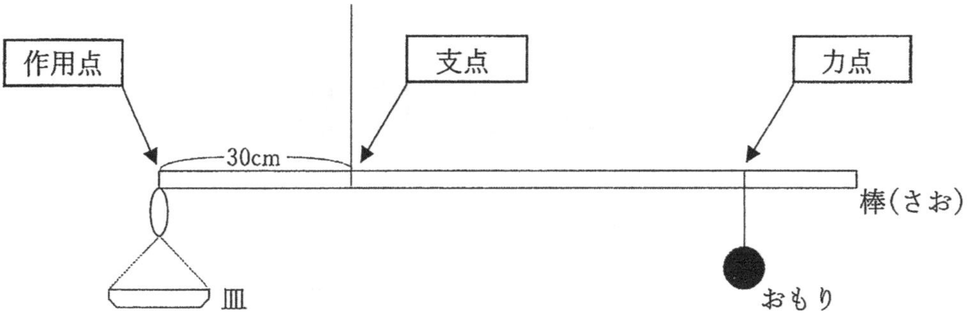

(1) 次のてこの原理を利用している身のまわりの製品のうち、さおばかりのように、力点と作用点の間に支点があるものを次のア～エのうちから１つ選び、記号で答えなさい。

ア はさみ　　イ ピンセット　　ウ ホッチキス　　エ せんぬき

(2) 皿に何ものせていない状態で、支点から右に 15cm のところにおもりをつるすと、さおばかりはつり合いました。皿の重さは何 g ですか。

(3) 物体Aを皿にのせたところ、支点から右に 60cm のところにおもりをつるすと、さおばかりはつり合いました。物体Aの重さは何 g ですか。

(4) 皿に 200g の物体Bをのせると、おもり１つでは正確に量ることができませんでした。そこで２つ目のおもりをつるしました。１つ目のおもりを棒の右端《はし》につるした場合、もう１つは支点から右に何 cm のところにつるせばよいですか。ただし、使用するおもりはすべて 80g とします。

2024(R6) 大阪国際中
K 教英出版

(5) 実際にさおばかりを使用する際には、棒自体の重さを考える必要があります。棒の重さを考えて計算する場合は“棒の中心に、棒と同じ重さのおもりがつり下がっている”とみなします。物体Ｃを皿にのせたところ、支点から右に 50cm のところにおもりをつるしたところでつり合いました。棒の重さが 100g であるとき、物体Ｃの重さは何 g ですか。

(6) 図のような条件でさおばかりを使って、おもり１つで物体の重さを量るとき、棒の重さが軽いものと重いものでは、どちらの方がより重い物体の重さを量ることができますか。

2　図１は、空気中の気体の成分の割合を示した円グラフです。これについて、あとの問いに答えなさい。

図１

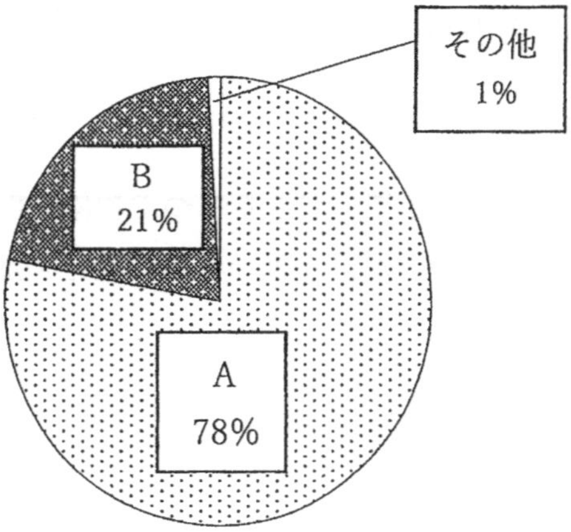

(1) 円グラフ中のA、Bの気体の名前をそれぞれ答えなさい。

(2) Bの気体を学校の実験室で発生させたいとき、どのような実験をすればよいですか。正しい方法を次のア～エのうちから１つ選び、記号で答えなさい。

ア　二酸化マンガンにうすい塩酸を加える

イ　炭酸水を加熱する

ウ　鉄片にうすい塩酸を加える

エ　二酸化マンガンにうすい過酸化水素水を加える

(3) 空気を詰《つ》めた密閉されたビンの中で火をつけて、砂糖を燃やすと、砂糖が完全に黒く焦《こ》げました。これについて、次の問いに答えなさい。

① 砂糖を燃やした後のビンの中の気体の割合はどのようになっていると考えられますか。最も適当なものを下のア～エの円グラフのうちから１つ選び、記号で答えなさい。ただし、A～Cの各成分は図１の円グラフのA～Cと同じものとします。

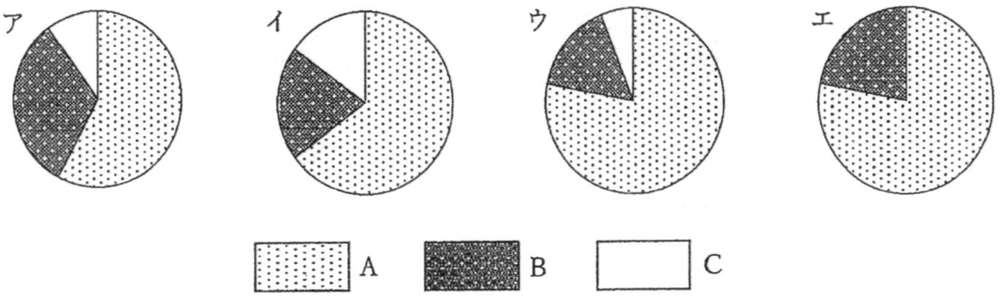

② ビンの中から砂糖を取り出し、ある液体を入れて振《ふ》ると、液体が白くにごりました。この液体は何か答えなさい。

③ 砂糖を燃焼させた後のビンの中の気体の重さは、燃焼させる前（空気）と比べてどうなっていると考えられますか。次のア～ウのうちから１つ選び、記号で答えなさい。

ア　重くなっている　　　イ　軽くなっている　　　ウ　変わらない

3 タロウくんは、スイカを育ててみようと苗を買ってきて、毎日観察をしました。しばらくすると、黄色い花が咲《さ》いたので虫めがねで観察し、さらに花粉を顕微鏡《けんびきょう》で観察しました。花が咲いてから約１か月で実が収穫《しゅうかく》できました。下図は、スイカの花のつくりをあらわしています。これについて、あとの問いに答えなさい。

花A

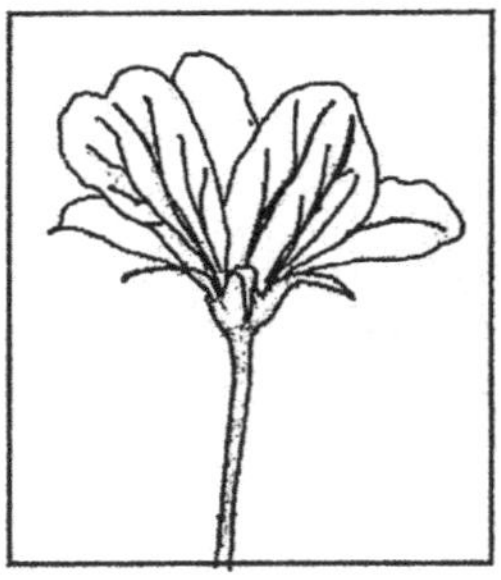

花B

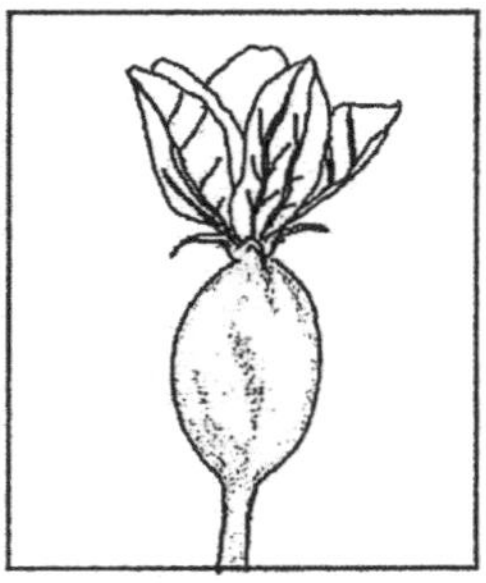

(1) タロウくんは、スイカには２種類の花A、Bがあることに気がつきました。また、花Aには実がならないことにも気がつきました。

① ２種類の花A、花Bのうち、花Aを何とよびますか。

② スイカのように２種類の花をもつ植物を次から２つ選び答えなさい。

アサガオ・　カボチャ・　アブラナ　・　エンドウ　・　トウモロコシ

(2) タロウくんは、スイカの花Aから花粉を採取し顕微鏡で観察したところ、学校で習ったヘチマの花粉とよく似ていることに気が付きました。次のスケッチのうち、スイカの花粉を表すのはどれですか。最も適したものを次のア～エのうちから１つ選び、記号で答えなさい。

ア

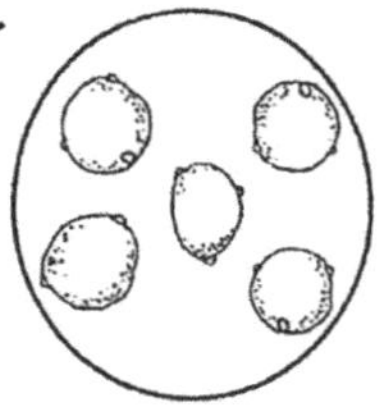

イ

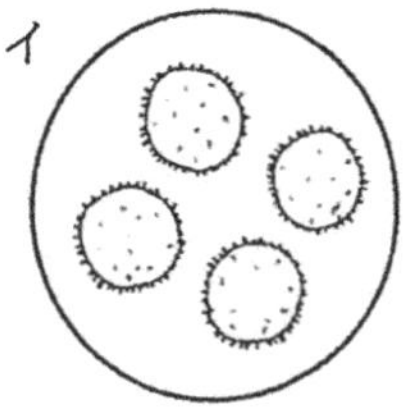

ウ

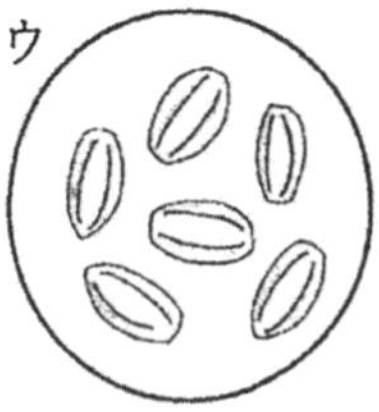

エ

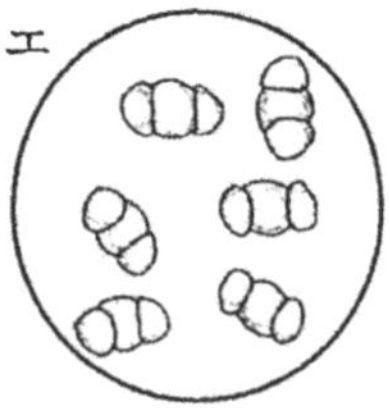

大阪国際中学校

令和6年度　入学試験（1次A日程）国語　解答用紙

受験番号

名前

※100点満点

一

問1
A
B
C
D

問2

問3

問4

問5

問6
X
Y

問7

問1．３点×４
問2．３点
問3．３点
問4．３点
問5．４点
問6．３点×２
問7．７点
問8．３点×２

1)	c m	(2)	c m^2

1)	□ + □ =105
2)	□ + □ + □ + □ + □ =105
3)	個連続する

1)		(2)	
3)	通り		

5点×20　※100点満点

受験番号	氏名	/100

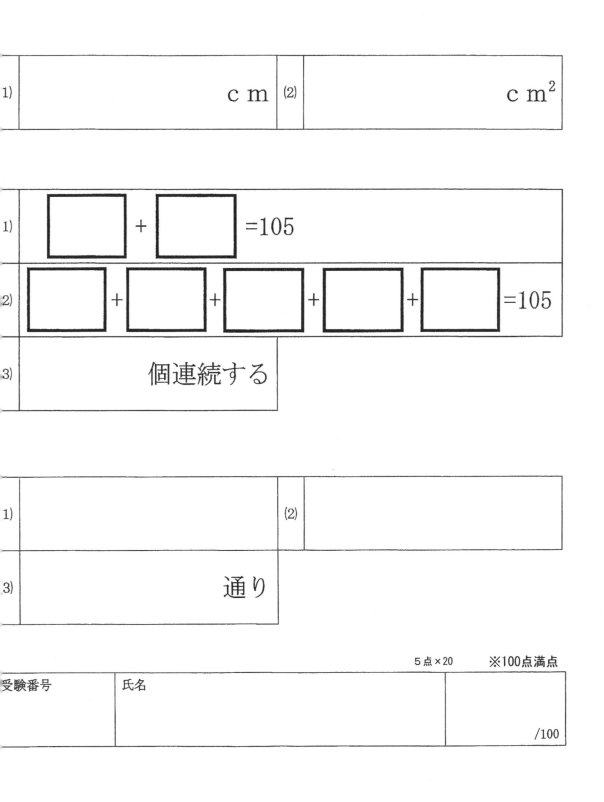

<筆記問題>

5　2点×5

1)

2)

3)

4)

5)

6　1点×5

1)	①	②	③	2)	①	②	③
3)	①	②	③	4)	①	②	③
5)	①	②	③				

7　2点×4

1)	①	②	③	2)	①	②	③
3)	①	②	③	4)	①	②	③

8　3点

3

⑴１点×３　⑵１点　⑶２点×３　⑷２点

（1）①		
②		
（2）		
（3）ア	イ	
ウ		
（4）		

4

⑴１点　⑵１点×３　⑶２点　⑷２点×３　⑸２点

（1）		
（2）イ	ウ	エ
（3）		
（4）①	②	③
（5）		

大阪国際中学校　※50点満点

令和６年度　入学試験（１次Ａ日程）理科　解答用紙

受験番号		氏名	

1　２点×６

(1)	(2) g
(3) g	(4) cm
(5) g	(6)

2　２点×６

(1) A	B	
(2)		
(3) ①	②	③

大阪国際中学校

令和６年度 入学試験問題 英語 解答用紙

※50点満点

受験番号		氏名	

<リスニング問題>

1　１点×４

1)	①	②	③	2)	①	②	③
3)	①	②	③	4)	①	②	③

2　２点×４

1)	①	②	③	2)	①	②	③
3)	①	②	③	4)	①	②	③

3　２点×４

1)	①	②	③	2)	①	②	③
3)	①	②	③	4)	①	②	③

4　２点×２

1)	①	②	③	2)	①	②	③

大阪国際中学校　令和６年度入学試験　１次Ａ日程（算数）　解答用紙

1

(1)		(2)	
(3)		(4)	
(5)		(6)	
(7)			

2

(1)	分速　　　　　　m	(2)	円
(3)	cm^3	(4)	年
(5)			

二

問1	問2
①	①
②	②
③	③
④	④
⑤	⑤

問１．２点×５
問２．２点×５

三

(1)	(2)	(3)
A	A	A
B	B	B
C	C	C

⑴２点×３
⑵２点×３
⑶２点×３

四

問1

問2
(1)
(2)

問3
a
b
c
い
d
e

問１．２点
問２．３点×２
問３．２点×５

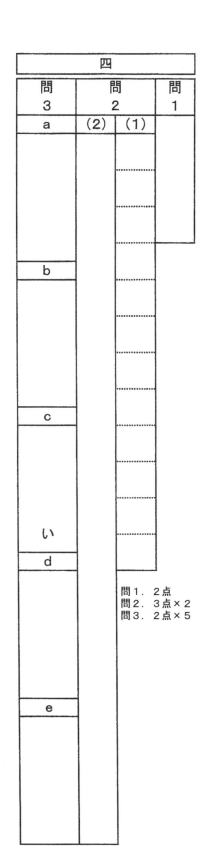

(3) タロウくんは、スイカの花Aには実がならないことと、花粉がよく似ていることから、スイカは学校で習ったヘチマと同じ種類の植物であると考え、次のようにまとめました。文中の（　　）にあてはまる語句を答えなさい。

スイカの実ができるためには、花Aの（　ア　）の先から、おもに昆《こん》虫によって運ばれた花粉が、花Bの（　イ　）の先につく（　ウ　）が必要である。スイカの花で（　ウ　）がおこると、（　イ　）の“がく”よりも下の部分が成熟し、実になることがわかった。

(4) タロウくんは、ある日お弁当に入っているトマトの実を観察しました。そして、トマトの実には、“がく”が残っておりそれが“へた”になっていることに気が付きました。お弁当にはリンゴも入っていたので、スイカとトマトとリンゴについて実とがくの位置について考えました。実とがくの位置を正しくあらわしている組み合わせを次の①〜④のうちから１つ選び、記号で答えなさい。

	スイカ	トマト	リンゴ
①	ア	ア	ア
②	ア	ア	イ
③	ア	イ	ア
④	ア	イ	イ

ア
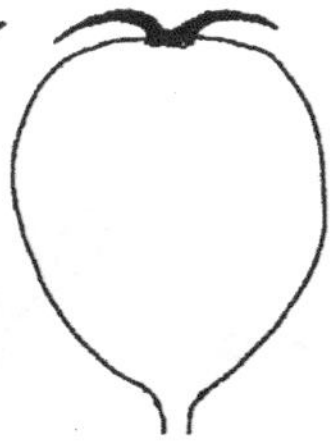

イ

4 次は関東地震《じしん》（関東大震災《だいしんさい》）についての先生と生徒の会話文です。これについてあとの問いに答えなさい。

先生　：2023 年は、関東大震災の発生からちょうど 100 年にあたります。今日はみんなで関東大震災のメカニズムと防災について考えていきましょう。

A さん：100 年前といえば、大正時代かな。

先生　：そうです。大正時代、1923 年におこりました。発生日である（　ア　）は、「防災の日」と定められ、毎年防災訓練などが実施《じっし》されていますね。
この日、日本海側を台風が北上していたこともあり、関東には強風が吹《ふ》いていました。また、発生が午前 11 時 58 分という昼食時に重なったことから、大規模な（　イ　）が発生し、被害《ひがい》が拡大しました。

B さん：資料を見ると、東京都というよりも、神奈川県《かながわけん》から千葉県南部の沿岸部でゆれが大きかったことがわかりますね。震源《しんげん》はどこだったのですか？

先生　：震源は神奈川県沖《おき》だということがわかっています。
この地震は(a)「プレート境界型地震」とよばれるタイプの地震です。これについて少し説明しますね。

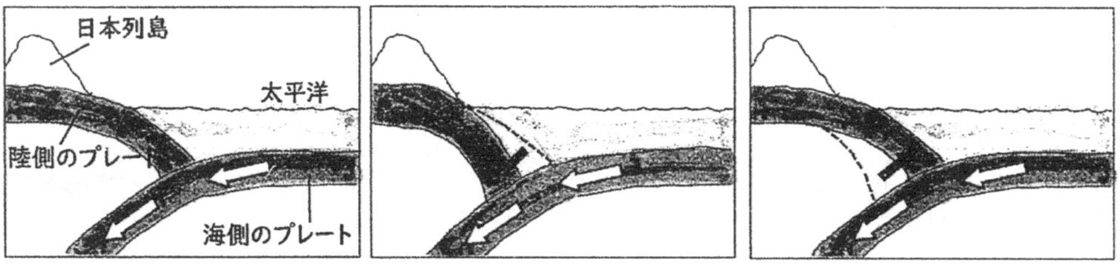

スライド①　　スライド②　　スライド③

スライド①～③を見てください。日本列島の太平洋沿岸の海底では、スライド①にあるように、海側のプレートが陸側のプレートの下に沈《しず》み込《こ》んでいます。そのせいでスライド②のように、陸側のプレートの先端《せんたん》は海側のプレートに引きずりこまれて、ひずみが蓄積《ちくせき》していきます。そのひずみが限界に達したときに、スライド③のように陸側のプレートが跳《は》ね上がり発生する地震がこのタイプのものです。

A さん：海底で起こった地震だったということは、同時に（　ウ　）も発生したのではないですか？

先生　：その通りです。早いところでは地震発生後わずか 5 分で到達《とうたつ》したそうです。

B さん：神奈川県や東京都は埋《う》め立て地も多いので、（　エ　）現象もみられたのではないですか。

A さん：建物が沈《しず》んだり逆に浮《う》き上がったりする現象のことだよね。

先生　：はい、そうです。現在ではそのときの教訓もいかして、（　エ　）現象の発生危険個所をまとめた（　オ　）が整備されているそうですよ。

A さん：それに、陸側のプレートが跳ね上がるということは、地震と同時に土地が（　カ　）したのではないですか。

先生　：そうなんです。千葉県南部の房総半島《ぼうそうはんとう》沿岸では、(b)（　カ　）の痕跡《こんせき》が見られるんですよ。

また、最近の研究で、このときの地震は一か所で発生したのではなく、神奈川県沖の3か所で連続して発生したこともわかりました。

B さん：同じ規模の地震が今起きたら、私はどんな行動をとればよいのかな…。

先生　：自ら命を守るための行動がとれるように、地震についての知識を身に付けておかなくてはいけませんね。そして、過去の地震から得られた教訓を活かせるように、日ごろから備えておく必要がありますね。

(1) 文中（　ア　）にあてはまる日にちを、次から１つ選び答えなさい。

1月17日　・　3月11日　・　6月18日　・　9月1日　・　11月23日

(2) 文中（　イ　）～（　エ　）にあてはまる災害名を次から選び、それぞれ答えなさい。

津波《つなみ》　・　土砂崩《くず》れ　・　液状化　・　火砕《かさい》流　・　地すべり　・　火災

(3) 文中（　オ　）にあてはまる、災害が予想される区域や避難《ひなん》場所・避難経路などを示した地図の名前を答えなさい。

(4) 文中下線部(b)の痕跡をあらわす図を次に示します。これについて、次の問いに答えなさい。

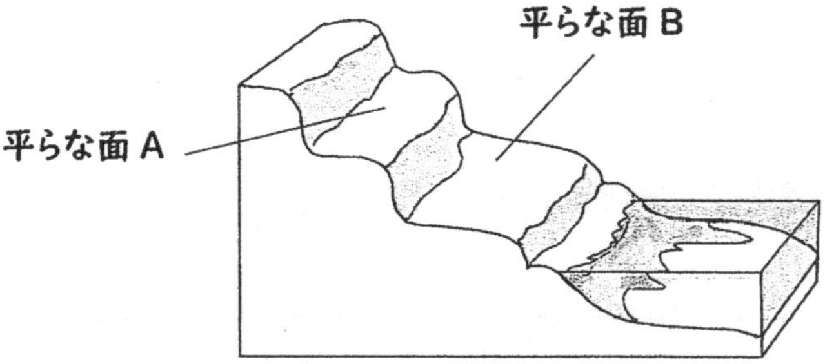

① 文中（　カ　）にあてはまる現象を答えなさい。

② 波による侵食《しんしょく》と、文中（　カ　）がくり返されることでできる、図のような階段状の地形のことを何といいますか。

③ 平らな面Aと平らな面Bは、どちらが古い時代にできたと考えられますか。

(5) 文中下線部(a)のプレート境界型地震《じしん》であるものを次の㋐～㋓から１つ選び、記号で答えなさい。

㋐ 兵庫県南部地震（阪神《はんしん》・淡路大震災《あわじだいしんさい》）1995 年
㋑ 東北地方太平洋沖《おき》地震（東日本大震災）2011 年
㋒ 熊本《くまもと》地震　2016 年
㋓ 大阪北部地震　2018 年

大阪国際中学校

令和６年度入学試験問題

１次Ａ日程

算　数

（50分）

受験上の注意

（１）合図があるまで開いてはいけません。

（２）解答はすべて解答用紙に記入しなさい。
解答用紙は問題冊子の中におり込《こ》んであります。

（３）終わったら解答用紙は裏返して机の上に置きなさい。

（４）答えが分数になるときは，これ以上約分できない分数にして答えなさい。

（５）円周率は3.14を使用しなさい。

受験番号		名前	

1 次の計算をしなさい。

(1) $202-46+35$

(2) $120\div\{7\times(7-5)-4\}$

(3) $\dfrac{5}{2}-\dfrac{6}{5}-\dfrac{3}{10}$

(4) $1.14\div\dfrac{19}{5}$

(5) $2024 + 2023 + 2022 + 2021 + 2020 - 2019 - 2018 - 2017 - 2016$

(6) $39 \times 48 - 117 \times 16$

(7) $4.7 \times 8.3 \div 2 - 2.7 \times 4.3 \times 0.5 - 2 \times 4.3$

2 次の問いに答えなさい。

(1) 時速 30km は分速何 m か答えなさい。

(2) 100 円の商品を 20%値引きした後，20%値上げするといくらか答えなさい。

(3) 下の図において，直線 AB で一回転させたときにできる立体の体積を答えなさい。ただし，円周率は 3.14 とする。

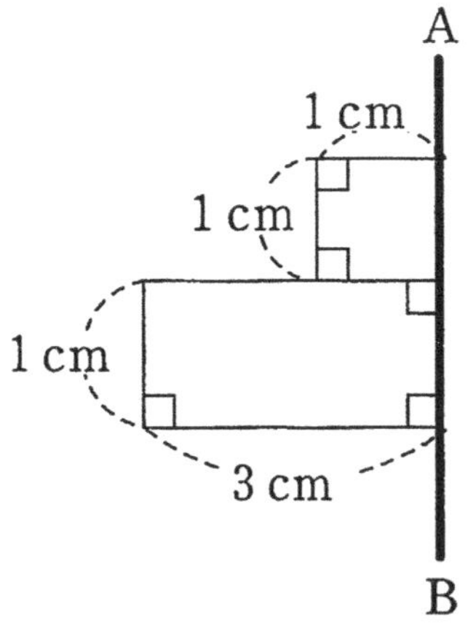

(4) 下の表は 2000 年から 2020 年まで，5 年おきにＡ市の 1 年間のごみの排出《はいしゅつ》量と人口を調べた表である。1 人あたりの 1 年間のごみの排出量が最も少ない年は何年か答えなさい。

Ａ市の 1 年間のごみの排出量と人口

年	2000	2005	2010	2015	2020
ごみの排出量(t)	81,006	57,084	40,036	45,887	39,798
人口(人)	152,000	147,000	151,000	146,000	143,000

(5) ■，▲，●，◆の記号が入った①～④の式がある。これらの同じ記号には同じ数が入る。

① 4 × ■ = 20

② 2 + ▲ × 4 − ● = 5

③ 6 × ▲ + 2 × ● = 36

④ ■ × ▲ − ● ÷ ◆ = 6

このとき，　■ × ● − ▲ + ◆　を計算して答えなさい。

3 下の図のように，半径 3 cm の円Oと，角Cと角Dが直角で，AD＝ 4 cm，BC＝ 12 cm，の台形ABCDがある。
円Oは，台形ABCDのそれぞれの辺に，点E，点F，点G，点Hでぴったりと重なって（接して）おり，円Oの中心と点E，点F，点G，点Hをそれぞれ直線で結ぶと，台形ABCDのそれぞれの辺と垂直《すいちょく》になる。また，AH＝AE，BE＝BF，CF＝CG，DG＝DHとなる。
このとき，次の問いに答えなさい。ただし，円周率は3.14とする。

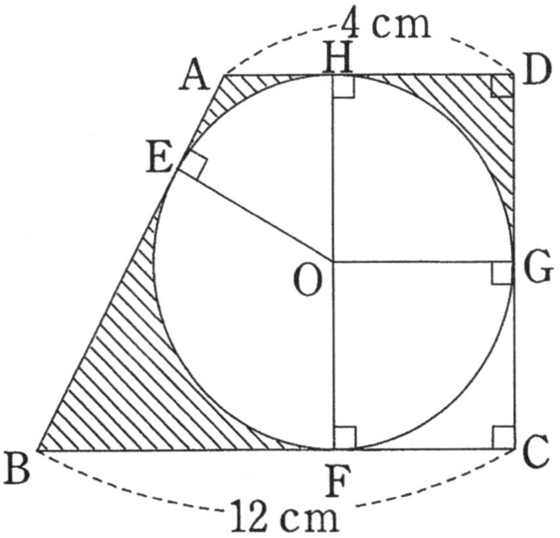

2024(R6) 大阪国際中
教英出版

⑴　辺ＣＤの長さを答えなさい。

⑵　斜線《しゃせん》部分の面積を答えなさい。

4 和が 105 となるような，2 個以上連続する，1 以上の整数を考える。

例えば, 3 個連続する 1 以上の整数で, それらの和が 105 となるのは,

$$34+35+36=105$$

であるが，4 個連続する 1 以上の整数で，それらの和が 105 となるのはない。

このとき，次の問いに答えなさい。

(1) 2 個連続する 1 以上の整数で, それらの和が 105 となるものを求め, 解答欄《らん》の□に小さい整数から順に書き入れなさい。

(2) 5 個連続する 1 以上の整数で, それらの和が 105 となるものを求め, 解答欄の□に小さい整数から順に書き入れなさい。

(3) 連続する 1 以上の整数で，それらの和が 105 となるもののうち，最大で何個連続する整数があるか，答えなさい。

計算用紙

5　下の図のように，ある規則にしたがって色をぬって，数を表す。このとき，次の問いに答えなさい。

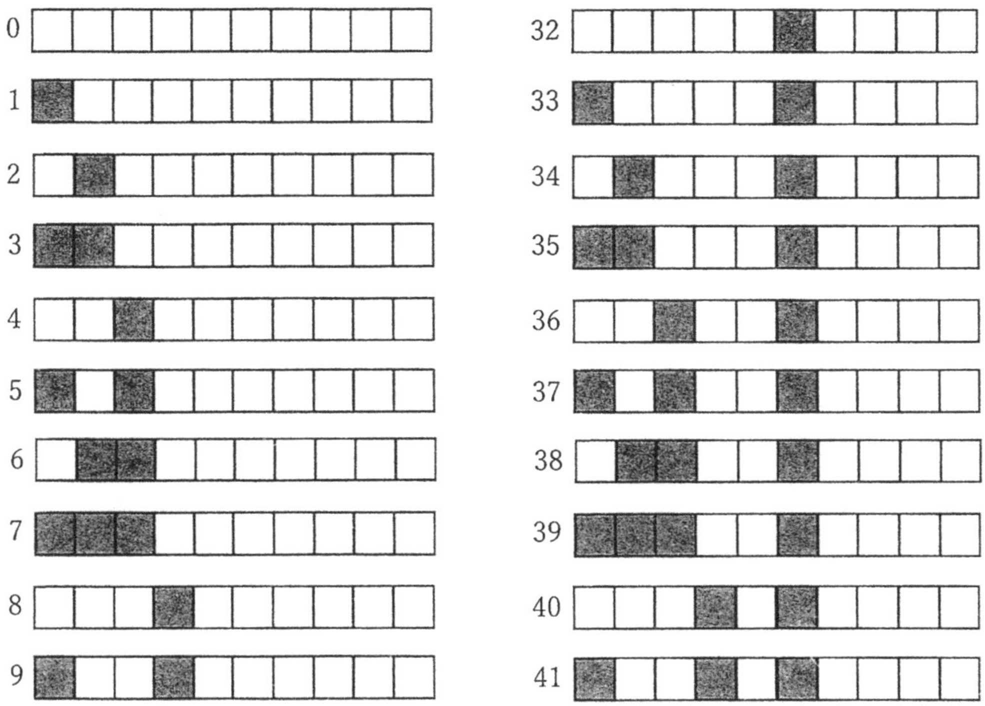

(1) 次の図が表す数はいくらか答えなさい。

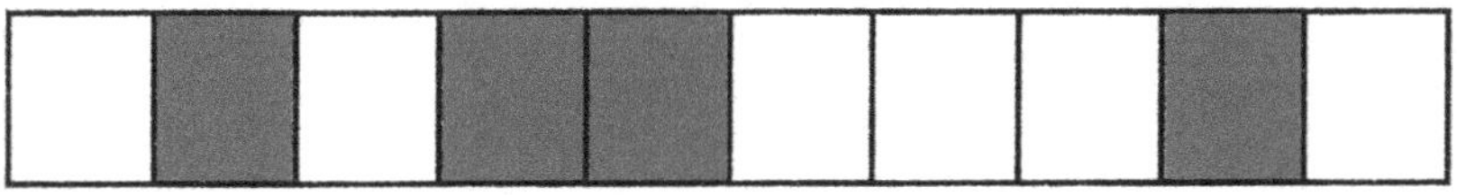

(2) 次のように，左から順に番号をつける。640 を表す図になるとき，色をぬる番号をすべて答えなさい。

①	②	③	④	⑤	⑥	⑦	⑧	⑨	⑩

(3) 3 ヶ所だけ色をぬるとき，作られる数は全部で何通りあるか。

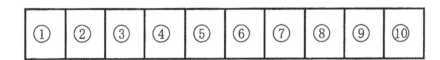

2024(R6) 大阪国際中
K 教英出版

大阪国際中学校
令和６年度入学試験問題
１次Ａ日程

英 語

（30分）

――――受験上の注意――――

（１）合図があるまで開いてはいけません。

（２）問題は１～8 まであります。

（３）１～４はリスニング問題です。

（４）解答はすべて解答用紙に記入しなさい。

解答用紙は問題冊子の中に折り込んであります。

（５）終わったら解答用紙は裏返して机の上に置きなさい。

（６）問題冊子は持ち帰ってはいけません。もとのように折り、

解答用紙とは別にして机の上に置きなさい。

受験番号		名前	

＜リスニング問題＞

※音声は収録しておりません

1　これから、それぞれのイラストについて英語の文が３つ流れます。イラストに合っているものを１つ選び、解答用紙の番号に○をつけなさい。英語の文は２回流れます。メモを取ってもかまいません。

1)

2)

3)

4)

2 イラストを参考にしながら、これから流れるそれぞれの質問に対して、答えとして最も適切なものを、①～③の英文から選び、解答用紙の番号に○をつけなさい。質問は２回流れます。メモを取ってもかまいません。

1)

1 There are three books on it.

2 I have a computer on my desk.

3 A globe stands next to the computer.

2)

1 Yes, I think so.

2 No, I don't think so.

3 Sorry, but I have no idea about it.

3)

1 Let's give them some beans.

2 Do you have something for them?

3 Don't give them any food.

4)

1 I went shopping with my friends.

2 I went to see a movie alone.

3 I stayed home all day.

3 これから流れる対話と質問を聞いて、その答えとして最も適切なものを、①~③から選び、解答用紙の番号に○をつけなさい。対話と質問は２回流れます。メモを取ってもかまいません。

1) ① The man is going to the supermarket.
② The man is going to the convenience store.
③ The man is going to the police station.

2) ① He went there only once.
② He went there two times.
③ He went there three times.

3) ① Because dogs are more friendly than cats.
② Because he doesn't like cats.
③ Because he can exercise with his dog every day.

4) ① He will watch a movie with Saori.
② He will watch a movie alone.
③ He will watch a movie with his family at home.

4 これから流れる英文と質問を聞いて、その答えとして最も適切なものを、①~③から選び、解答用紙の番号に○をつけなさい。英文と質問は２回流れます。メモを取ってもかまいません。

1) ① Be friendly for fun.
② Before best friends.
③ Best friends forever.

2) ① She read the book to Satsuki.
② She read the diary to herself.
③ She didn't read it because it was a diary.

以上でリスニング問題は終了です。続けて筆記問題に解答しなさい。

＜筆記問題＞

5 次のそれぞれの英文の（　　　）に入る適切な単語を解答用紙に答えなさい。なお、数字については算用数字ではなく、英語で答えること。

1) One meter is one (　　　) centimeters.

2) October comes between (　　　) and November.

3) I like the (　　　) of the pilot. The cap is very cool.

4) These are very sweet. Strawberries are my favorite (　　　).

5) May I borrow your (　　　)? I'd like to know the meaning of this word.

6 外国人留学生を対象に「和菓子教室」(Wagashi-Making Class)が実施されます。クラスメートの留学生に教えてあげるために、このお知らせの内容を確認しましょう。英文の問いに対する答えとして最も適切なものをそれぞれ①～③から選び、解答用紙の番号に○をつけなさい。

Wagashi-Making Class

This will be a great chance for you to learn about traditional Japanese sweets. You will learn how to make one and how you can enjoy it. If you're interested in this, why don't you contact us?

We have three classes. You can make different sweets in each class. Each class costs you 1,000yen, but if you choose two, it costs 1,500yen. Three classes cost you 2,000yen. Each class accepts 10 people at most. If you'd like to join these classes, please email *wagashi@oiu.jp* and let us know your name and which class or classes you'd like to take. We're looking forward to seeing you.

Class 1 Daifuku: Soft rice cake with sweet bean paste inside
Tuesday, October 3rd 6:00- 7:00 p.m.

Class 2 Ohagi: Rice ball covered with sweet red beans
Thursday, October 5th 8:00- 9:00 p.m.

Class 3 Taiyaki: Fish-shaped pancake with bean jam inside
Saturday, October 7th 2:00- 3:00 p.m.

Venue: Midorigaoka Culture Center, Room 101

Wagashi Honpo
1-1-3, Midorigaoka-cho, Midori City

【　問い　】

1) What do students do in this class?

① They experience Japanese culture.

② They enjoy online communication in English.

③ They teach how to make tea.

2) What will you do if you want to join this class?

① You will give your name and the class number by phone.

② You will send your name and the class number by email.

③ You will visit the tea ceremony class and write your name on the list.

3) What class will you take if you want to join the class on a weekend?

① Class 1.

② Class 2.

③ Class 3.

4) How long is the ohagi class?

① 30 minutes.

② 60 minutes.

③ 90 minutes.

5) What does 'Venue' mean?

① The place of the *wagashi* class.

② The name of the *wagashi*.

③ The name of the teacher.

7 次の英文の内容について、あとに英文の問いがあります。それぞれの問いに対する答えとして最も適切なものを①～③から選び、解答用紙の番号に○をつけなさい。

We often see a lot of beautiful buildings and landscape* taken from the sky on TV. Just several years ago, these were taken from an airplane or a helicopter. Now, however, many of them are taken by drone. Drones are also used for taking a movie when the actors move very fast and runs a lot. It makes the movie very exciting.

A drone is a small flying machine. It has no pilot on it. It is remotely radio-controlled* by a person. Some drones carry a camera with them and take pictures and movies from the sky. They are used for business, or just for fun.

On the other hand, when you visit famous places such as shrines, temples, or the top of Mt. Fuji, you will see a notice* saying "No drones!" Why not? It's because a drone may drop on such an important building and damage it. Or it may drop on the visitors and injure them. For these reasons, you may have to have a drone license to use them in some special areas.

Drones were originally made for military purposes*. They can secretly collect a lot of information from the sky. They sometimes can attack their enemies with bombs*.

Drones are very useful. They can be used in many places in many ways. What matters is the purpose- why do we use them and how? Drones can make people happy, but they can also hurt people and make people sad. This is not only about drones. When we use technology, we always have to be careful not to damage anything or anyone, but to make the world happy and peaceful.

---

*landscape 風景　remotely radio-controlled 遠くから無線で操作される　notice 掲示、注意
originally 元々　military purposes 軍事目的　enemies 敵　bombs 爆弾

【問い】

1) When are drones used?
① When people would like to take pictures or movies from the sky.
② When pilots would like to fly airplanes and helicopters.
③ When people would like to sell pictures and movies of the sky.

2) Why can people not use drones in shrines and temples?
① Because drones may damage the buildings and injure visitors by mistakes.
② Because all the drone users have to carry a drone license with them.
③ Because drones may attack the buildings and visitors.

3) Why do people use drones? Choose one not written in the text.

① To do their jobs. ② To attack their enemies. ③ To save people in trouble.

4) Choose the best title of this passage.

① The Best Way to Use Drones

② What Are Drones and How Should We Use Them?

③ Drones Are Best Used for Military Purposes

8 イラストの内容を Word Bank 内の語（句）をすべて用いて１５語程度の英文で説明をしなさい。英文は２文になっても構いません。

Word Bank

thanked the man / because / his seat

問題は以上です。

大阪国際中学校
令和５年度入学試験問題
１次Ａ日程

国　語

（50分）

受験上の注意

（１）合図があるまで開いてはいけません。
（２）解答はすべて解答用紙に記入しなさい。
　　解答用紙は問題用紙の中に折り込んであります。
（３）終わったら解答用紙は裏返して机の上に置きなさい。
（４）問題用紙は持ち帰ってはいけません。もとのように折り、解答用紙とは別にして机の上に置きなさい。
（５）字数指定がある問題は、句読点やカッコなども一字に数えます。

受験番号		名前	

2023(R5) 大阪国際中
教英出版

一　次の文章を読んで、あとの問いに答えなさい。

家の都合で「おれ」（大崎《おおさき》天馬《てんま》）は、六年生の二学期から別の小学校に転校した。その転校先で仲良くなった高峰《たかみね》柊《しゅう》、小林《こばやし》風知《ふうち》と、三人ともそれぞれの事情で行くことのできなかった修学旅行の代わりとして電車に乗って風知の父親に会いに行くことになった。道中では風知の父親から卒業アルバムに十人分の寄せ書きをもらうこと、書いてくれた人と写真を撮《と》ってくることを課題として出されている。そのために訪れた神社で風知はアルバムを置き忘れてしまい、同い年で地元の子であるガッキー、トモ、クボっちの三人組にそのアルバムを拾われた。それを取り返して三人に寄せ書きを書いてもらうために「おれ」たち三人は勝負をすることになった。

お詫び

著作権上の都合により、文章は掲載しておりません。
ご不便をおかけし、誠に申し訳ございません。

教英出版

お詫び

著作権上の都合により、文章は掲載しておりません。
ご不便をおかけし、誠に申し訳ございません。

教英出版

お詫び
著作権上の都合により、文章は掲載しておりません。
ご不便をおかけし、誠に申し訳ございません。
教英出版

お詫び

著作権上の都合により、文章は掲載しておりません。
ご不便をおかけし、誠に申し訳ございません。

教英出版

お詫び

著作権上の都合により、文章は掲載しておりません。
ご不便をおかけし、誠に申し訳ございません。

教英出版

お詫び

著作権上の都合により、文章は掲載しておりません。

ご不便をおかけし、誠に申し訳ございません。

教英出版

お詫び
著作権上の都合により、文章は掲載しておりません。
ご不便をおかけし、誠に申し訳ございません。
教英出版

お詫び
著作権上の都合により、文章は掲載しておりません。
ご不便をおかけし、誠に申し訳ございません。
教英出版

（市川朔久子『よりみち3人修学旅行』より）

注…図師（※）とモッチの二人が組んでいる若手のお笑いコンビ名がチキンタイタン（※）。「おれ」たち三人は撮影をするところに出会い、地元の子としてその撮影に参加したことで寄せ書きとしてサインをもらった。

問1　空らん［　X　］に入る言葉としてもっとも適切なものを、あとのア～オより一つ選び、記号で答えなさい。

ア　急がば回れ　　イ　論より証拠《しょうこ》　　ウ　鬼に金棒《かなぼう》　　エ　漁夫《ぎょふ》の利　　オ　知らぬが仏

問2　空らん［A］～［D］に入る言葉として適切なものを、あとのア～オよりそれぞれ一つ選び、記号で答えなさい。

ア　つんつんと　　イ　ぎろりと　　ウ　ずんずんと　　エ　よろよろと　　オ　ずるりと

問3　傍線部①「風知はもうスタートの位置についている」とありますが、このときの風知の気持ちとしてもっとも適切なものを、あとのア～オより一つ選び、記号で答えなさい。

ア　自分だけの力で簡単に勝てると考え、とても張り切っている。
イ　走りたくはなかったが、自分が走ることになってしまい非常に不安だ。
ウ　自分の力で勝負に勝ち、寄せ書きを書いてもらおうというやる気に満ちている。
エ　自分ではこの勝負に勝てるか心配で、二人にがんばってほしいと期待している。
オ　今まで他人に助けてもらってばかりだったため、今度こそは自分自身で課題を達成したい。

問4　傍線部②「力いっぱいやりやがったな」とありますが、「おれ」は柊が力いっぱいやったのはなぜだと考えてい

問5　傍線部③「瞬間、まったくべつの景色が浮かぶ」とありますが、このとき「おれ」にはどのような景色が見えていますか。その説明としてもっとも適切なものを、あとのア～オより一つ選び、記号で答えなさい。

ア　小学一年生の入学式の日に初めて見た、転校前の小学校の校舎。
イ　チキンタイタンの二人など、この旅で出会った人々と見た風景。
ウ　転校をしなければ卒業式で見えたはずの、転校前の小学校の校舎。
エ　無事に課題を終わらせて初めて見える、たくさん書かれた寄せ書き。
オ　転校初日の二学期の始業式の日に見た、転校先の小学校の校舎。

問6　傍線部④「大口たたいて」とありますが、「大口」の具体的な内容を二点にわけて説明しなさい。

問7　傍線部⑤「風知はぎゅっとアルバムを抱きしめた」とありますが、それはなぜですか。二十五字以内で説明しなさい。

問8　傍線部⑥「受けとるとずっしり重かった」とありますが、このとき「おれ」はアルバムの重さに重ねて何の重みを感じ取っていると考えられますか。その説明としてもっとも適切なものを、あとのア～オより一つ選び、記号で答えなさい。

ア　これまでの自分たちの努力や寄せ書きを書いてもらった人たちとの思い出。
イ　自分が中心となって努力して集めることのできた寄せ書きに対する自信。
ウ　転校する前の小学校で感じることができていたはずのさまざまな思い。
エ　風知の父親から与えられた課題を絶対に終わらせるのだという強い決心。
オ　修学旅行に行くことができなかった自分たち三人の悔しい思い。

問9　傍線部⑦「見るのも嫌だった、スッカスカのあのアルバム」とありますが、このように表現されているのはなぜですか。それを説明した次の文の空らんに入る言葉を本文中から二十字以内で抜き出しなさい。

・このアルバムは転校先の小学校からもらったもので特別な思い出などがないため、見ていると転校時に感じたような（　　　　）気分になるから。

問10　この文章に登場する人物の説明としてもっとも適切なものを、あとのア～オより一つ選び、記号で答えなさい。

ア　柊は一人だけが走るのではなくリレーにすることを提案するなど自分のことばかり考えている人物である。

イ　ガッキーはグループの中心人物で運動が得意であるという特徴からも風知と重なる部分の多い人物である。

ウ　風知は自分に自信がないからこそ課題も人任せにしてしまうような情けない人物である。

エ　「おれ」は不器用ながらも困っている人に対して手をさしのべることのできる人物である。

オ　「おれ」は一緒にいる柊や風知にもえらそうに接するなど周囲の人を見下すような人物である。

問11　本文の表現の特徴を説明したものとしてもっとも適切なものを、あとのア～オより一つ選び、記号で答えなさい。

ア　短い文を重ねてテンポよく話を展開することで、重大な事態も読者にとって受け止めやすくなっている。

イ　会話文を多く用いることで、場面の状況や登場人物の性格、関係性などが想像しやすくなっている。

ウ　小学生には難しい漢字や言葉をあえて使うことで、いかに難しい課題に三人がいどんでいるかを伝えている。

エ　話の本筋とは関係のない情報でもくわしく説明することで、読者が物語の世界に入りやすくなっている。

オ　主人公「おれ」の目線で語られることで、それぞれの登場人物を読者が冷静な立場から見ることができる。

二 次の四字熟語、ことわざ、慣用句の問いに答えなさい。

問1 次の空らんに言葉を入れ、ことわざを完成させなさい。

① □はち取らず　② □に真珠　③ とらぬ□の皮算用

④ トラの威を借る□　⑤ □に小判

問2 次の空らんに漢字一字を入れ、四字熟語を完成させなさい。また、それぞれの意味として適切なものを、あとのア～クより選び記号で答えなさい。

① 竜□蛇尾　② □尾一貫　③ 一□瞭然

④ 馬□東風　⑤ 異□同音

ア 少し見るだけであきらかによくわかること
イ 何を聞いても肯定するばかりで意味がないこと
ウ はじめから終わりまで一切の変化がないこと
エ はじめから終わりまで筋がとおっていること
オ はじめの勢いはいいが終わりがだめなこと
カ 人の意見を気にとめようとしないこと
キ 複数の人がおなじことを言うこと
ク 第三者が見た方が正しい判断ができること

三 次の各文の言葉同士の関係を図のように整理すると、空らん A ～ C に入る言葉はどれになりますか。例を参考にして答えなさい。

（例） わたしには　二人の　少年の　会話が　とても　はっきりと　聞こえた　。

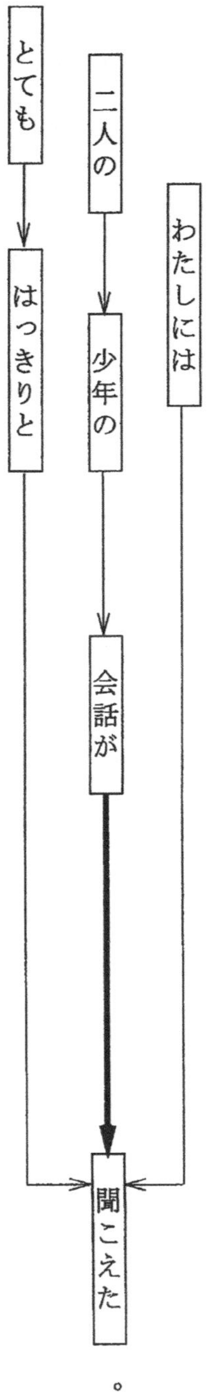

(1) この　夏　日本の　小さな　町工場が　ロケットの　とても　重要な　部品の　量産に　成功した　。

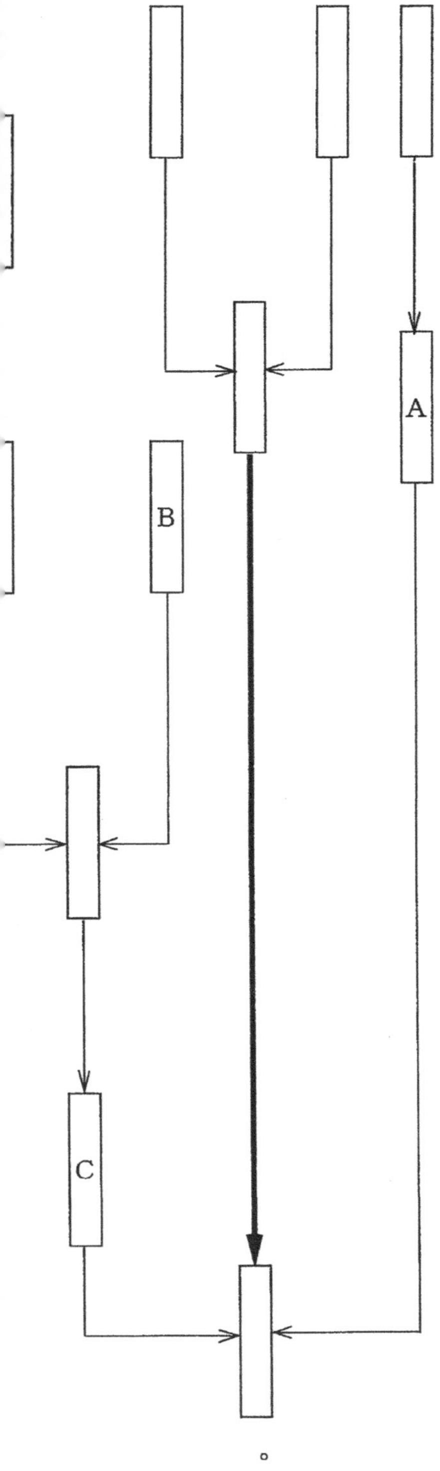

(2) 今まで　誰も　ひらめかなかった　新たな　使い方に　よって　この　商品は　かつて　ない　ほど　売れた　。

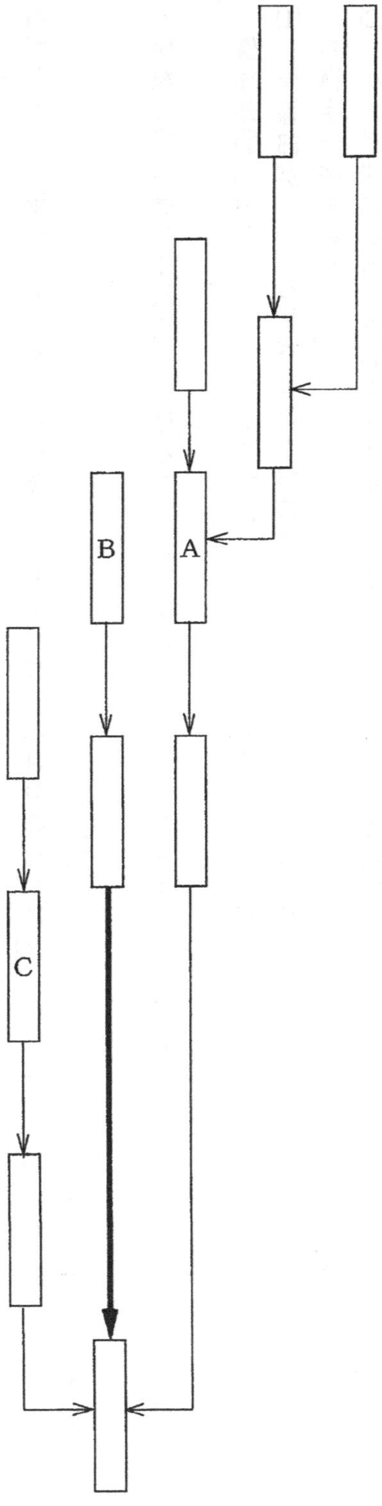

。

(3) わたしは　あまりにも　鮮やかな　濃い　青空を　見て　いると　吸い込まれそうな　気分が　して　大きな
不安に　かられた。

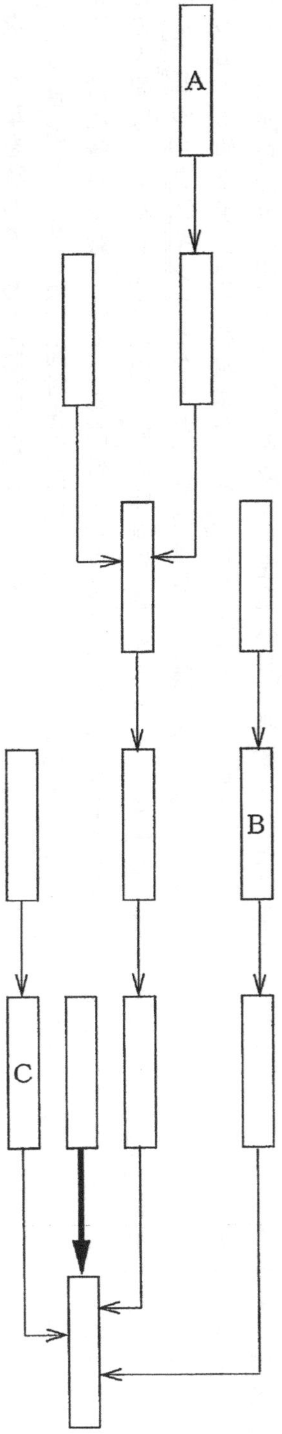

。

四 **次の文章を読んで、あとの問いに答えなさい。**

詩人室生犀星《むろうさいせい》が若かりし頃、高村光太郎はいつも一歩先にいる存在だった。自分では手が届かないような[a]コウメイな文芸誌に、常に詩が掲載されている高村という若者がいる。名前を見るたび嫉妬《しっと》を覚えたという。「誰でも文学をまなぶほどの人間は、何時《いつ》も先《さ》きに出た奴《やつ》の印刷に脅《おびや》かされる」と『我が愛する詩人の伝記』に書いている。脅かしたその人は生涯《しょうがい》の[b]コウテキシュとなった。詩の世界でも競い合いのなかに成長がある。ましてスポーツの世界では。オリックスの山本由伸投手（23）が四球を一つ許《ゆる》しただけのノーヒットノーランを成し遂げた。きのうの紙面によると、ロッテの佐々木朗希投手（20）が4月に達成した完全試合に刺激《しげき》された結果でもあるという。山本投手は国際試合でも日本代表を引っ張る存在で、もともとは佐々木投手の方が①刺激や教えを受ける側だった。シーズンオフに自主トレーニングをともにし、山本投手を質問攻めにしたと本紙デジタル版が伝える。チームを越えた切磋琢磨《せっさたくま》がある。今季の無安打無得点はこれで4投手目となり、一つのシーズンとしては1943年以来の記録という。1人の偉業《いぎょう》が次の②呼び〔　　〕になる。そんな[c]ゲンショウは日本陸上界の100メートル走でも数年前に見られた。長年の課題だった「10秒の壁」を[d]ヤブる選手が1人、また1人と続いた。刺激という言葉を解剖《かいぼう》すれば、憧れや驚き、あるいは嫉《ねた》みなど様々な要素があろう。誰かの成功をエネルギーとするためには自分のなかに[e]タシかなエンジンがいる。

（二〇二二年六月二十日朝日新聞朝刊「天声人語」より）

問1　傍線部①「刺激や教えを受ける」を言いかえた表現を本文中から十五字以内で書き抜きなさい。

問2　傍線部②「呼び〔　　〕になる」について、あとの問いに答えなさい。

(1)　傍線部が、「ある物事をひきおこすきっかけになる」ことを意味する慣用句となるように、空らんにあてはまる漢字一字を答えなさい。

(2)　次の意味になることわざ・慣用句の空らんにあてはまる漢字一字をそれぞれ答えなさい。

Ⅰ　時は〔　　〕なり（時間は大切なものであるというたとえ。）

Ⅱ　〔　　〕とすっぽん（比べものにならないほどかけはなれていること。）

Ⅲ　さるも〔　　〕から落ちる（達人でもときには失敗すること。）

問３　二重傍線部ａ～ｅのカタカナを漢字に直しなさい。

大阪国際中学校

令和５年度入学試験問題

１次Ａ日程

算　数

（50分）

受験上の注意

（１）合図があるまで開いてはいけません。
（２）解答はすべて解答用紙に記入しなさい。
　　　解答用紙は問題用紙の中に折り込んであります。
（３）終わったら解答用紙は裏返して机の上に置きなさい。
（４）問題用紙は持ち帰ってはいけません。もとのように折り、
　　　解答用紙とは別にして机の上に置きなさい。
（５）答えが分数になるときには、これ以上約分できない分数に
　　　して答えなさい。
（６）円周率は3.14を使用しなさい。

受験番号		名前	

1 次の計算をしなさい。

(1) $14+296-38$

(2) $\frac{10}{3}-\frac{5}{4}+\frac{1}{6}$

(3) $0.75\div\frac{6}{7}$

(4) $\{24+(36-6\times2)\}+48\div12$

(5)　$103 \times 102 - 101 \times 100$

(6)　$12 \times 22 \times 32 + 14 \times 22 \times 32 - 12 \times 11 \times 32$

(7)　$\dfrac{23}{20} \times \dfrac{697}{69} - 0.2023 \times 30 + \dfrac{7}{20} \div \dfrac{21}{23}$

2 次の問いに答えなさい。

(1) ある商品の定価は1287円であり，利益は原価の3割である。このとき，原価を求める式は次のようになる。□に最も適する数を，分数で答えなさい。

$$1287 \times \square = 990$$

(2) 右のおうぎ形の周りの長さを求めなさい。

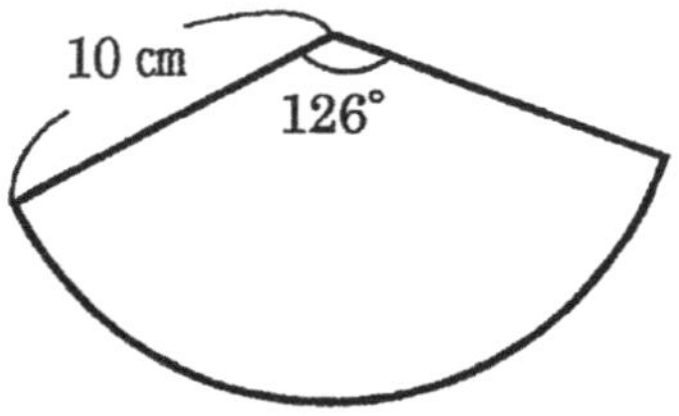

(3) いくつかのみかんとりんごを箱に入れる。最初，みかんを5個ずつとりんごを3個ずつ箱に入れていくと，みかんは24個余ったが，りんごは余ることなく箱に入れることができた。次に，箱からすべてのみかんとりんごを取り出し，みかんを6個ずつとりんごを2個ずつ箱に入れると，みかんもりんごも余ることなく箱に入れることができた。

みかんは全部で何個あったか答えなさい。

(4) 濃《のう》度 2 % の食塩水が 450 g ある。この食塩水に 270 g の水を加えたときの食塩水の濃度は何 % か，小数で答えなさい。

(5) 山のふもとの A 地点を午前 10 時に出発して，山の頂上を通り，山の向こう側の B 地点まで歩いた。A 地点から山の頂上までは 6 km，山の頂上から B 地点までは 5 km ある。A 地点から山の頂上までは時速 3 km で歩き，頂上で 30 分休憩《けい》をして，山の頂上から B 地点までは時速 4 km で歩いた。このとき，B 地点に着いたのは何時何分か。午前，午後をつけて答えなさい。

3　次のように，ある規則で数が１列に並んでいる。

４，５，７，１０，１４，１９，２５，３２，４０，・・・

次の問いに答えなさい。

(1)　この数の列の中に100はあるか。「ある」か「ない」で答えなさい。

(2)　左から20番目の数を答えなさい。

(3) 5054は左から何番目の数か答えなさい。

4 下の図のように，角 C が 90° の直角三角形 ABC があり，BC ＝ 12 cm，AC ＝ 5 cm である。CD ＝3 cm，AD ＝4 cm となるような，三角形 ABC の内部の点を D とする。 また，直線 AD と辺 BC の交点を E とする。

このとき，直線 CD と直線 AD は垂直に交わり，直角三角形 CDE は直角三角形 ADC の縮図である。次の問いに答えなさい。

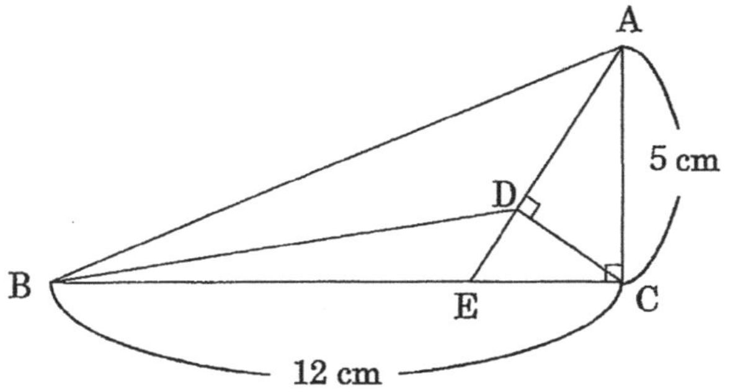

(1)　三角形 ABC の面積を求めなさい。

(2)　三角形 ABD の面積を求めなさい。

5 下の図のように，P と Q を結ぶまっすぐな道路の途《と》中に 3 つの信号機 A，B，C がある。どの信号機も 60 秒ごとに 青，赤，青，赤，…… と変わり，車は信号が青のときは止まらず進めるが，信号が赤のときは信号が青に変わるまで進めない。

いま，分速 700m の自動車 ㋐ が P から Q へ向かって，分速 800 m の自動車 ㋑ が Q から P へ向かって，同時に出発し PQ 間を往復した。また，2 台の自動車が出発したと同時に，どの信号機も赤から青に変わった。

ただし，自動車が信号に着いたとき，信号がちょうど青から赤に変わった場合は自動車は止まり，ちょうど赤から青に変わった場合は自動車は止まらず進む。このとき，次の問いに答えなさい。

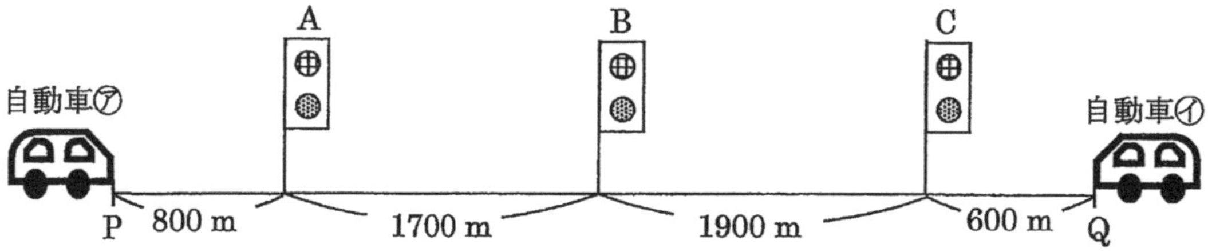

(1)　自動車㋑は時速何 km で走るか答えなさい。

(2)　自動車㋐が PQ 間を往復する間に信号で止まる回数は何回か答えなさい。

(3)　自動車㋐と自動車㋑が最初に出会う地点は，P から何 km 離《はな》れているか答えなさい。

大阪国際中学校

令和５年度入学試験問題

１次Ａ日程

理科

（30分）

受験上の注意

（１）合図があるまで開いてはいけません。

（２）解答はすべて解答用紙に記入しなさい。
解答用紙は問題用紙の中に折《お》り込《こ》んであります。

（３）終わったら解答用紙は裏返して机の上に置きなさい。

（４）問題用紙は持ち帰ってはいけません。もとのように折り、
解答用紙とは別にして机の上に置きなさい。

（５）字数制限がある問題は、句読点やカッコなども一字に数え
ます。

受験番号		名前	

1　長さ 100cm のじょうぶな棒の両端《りょうたん》であるＰ点とＱ点を、図１のように**ばねばかり**と**ばね**で支えて水平に保ちました。また、用いた**ばね**は、全体の長さが 7cm で、図２のように 10g のおもりをつるすと全体の長さは 8cm になることがわかっています。これらを用いて、次の(1)～(5)の実験をしました。それぞれの問いに答えなさい。ただし、棒、糸の太さや重さ、おもりの大きさは無視できるものとします。

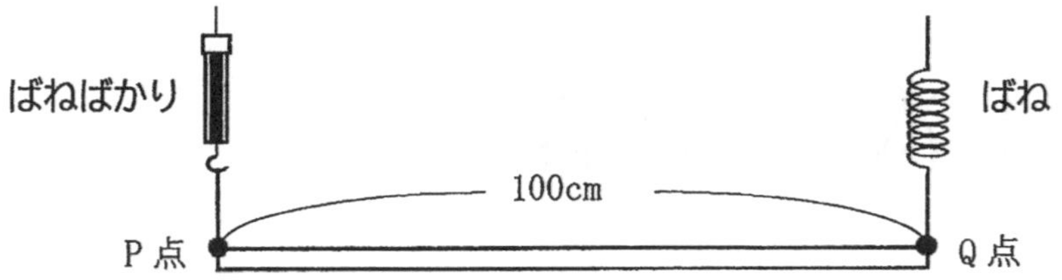

図１

図２

(1)　図３のように、120g のおもり **X** をＰ点につるして棒を水平に保ちました。このとき、**ばねばかり**は何 g を示しますか。また、**ばね**の全体の長さは何 cm ですか。

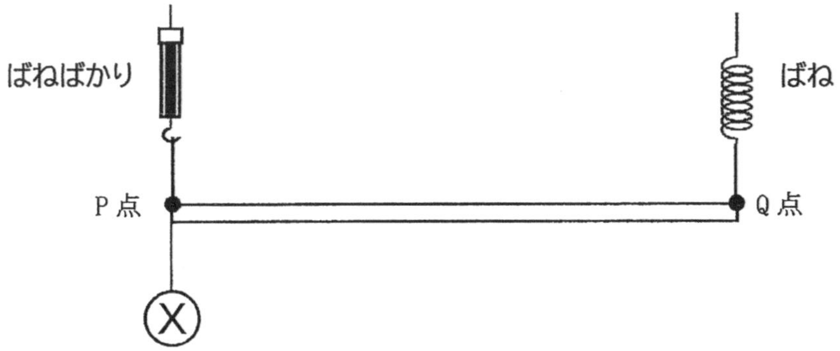

図３

(2)　図４のように、120g のおもり **X** をＰ点からＱ点側へ 20cm ずらしたＲ点につるして棒を水平に保ちました。このとき、**ばねばかり**は何 g を示しますか。

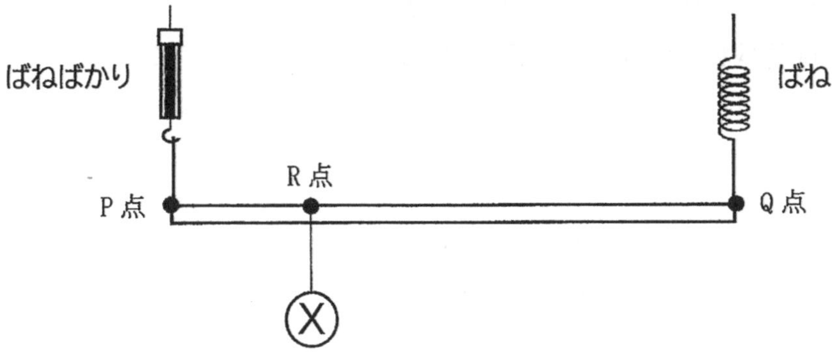

図４

(3) 図５のように、120g のおもり X を P 点から Q 点側へずらした S 点につるして棒を水平に保ったところ、**ばねばかり**が 48g を示しました。このとき、PS 間は何 cm ですか。

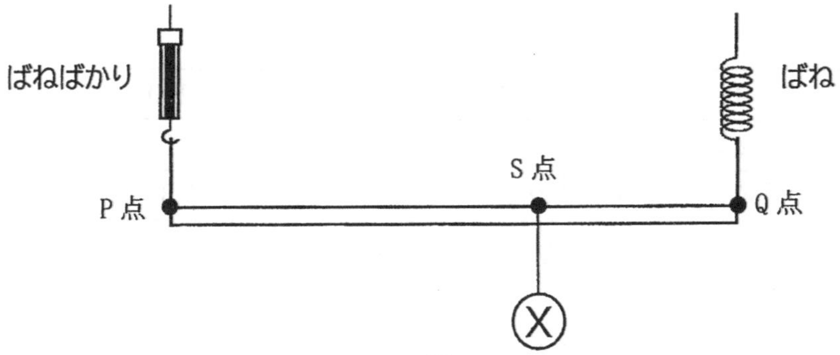

図５

(4) 図６のように、おもり Y を P 点から Q 点側へ 70cm ずらした T 点につるして棒を水平に保ったところ、**ばね**の全体の長さが 10.5cm になりました。このとき、おもり Y は何 g ですか。

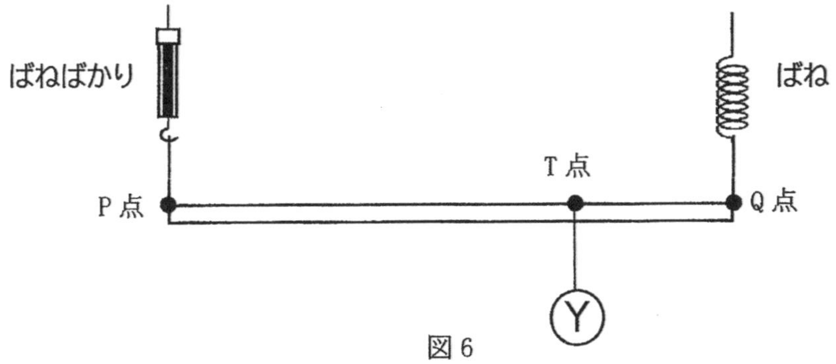

図６

(5) 図４（120g のおもり X を P 点から Q 点側へ 20cm ずらした R 点につるしているの状態）に、さらに 800g のおもり Z を Q 点から P 点側へ 40cm ずらした U 点につるして図７のように棒を水平に保ちました。このとき**ばねばかり**は何 g を示しますか。

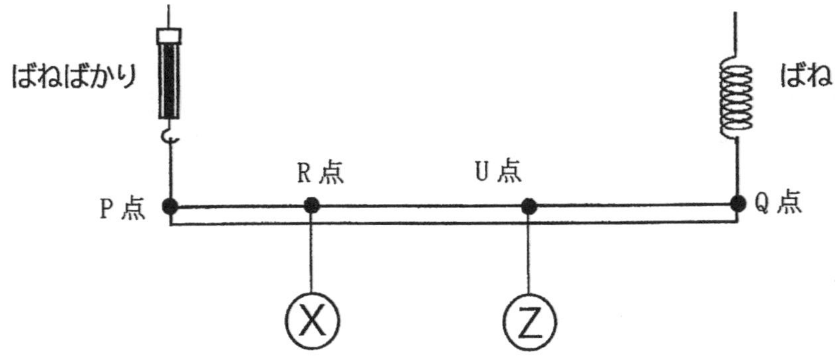

図７

2 下の表は、100g の水にとける物質の最大量と水の温度の関係を、実験により求めた結果を表しています。表中の A、B はそれぞれ食塩かホウ酸のどちらかを示しています。これについて、あとの問いに答えなさい。

温度〔℃〕	0	20	40	60	80	100
A〔g〕	2.7	4.8	9.1	15.0	23.5	38.0
B〔g〕	35.5	35.7	36.3	37.0	38.0	39.3

表

(1) 物質 B は食塩とホウ酸のどちらと考えられますか。

(2) 60℃の水 100 g をビーカーに入れ、物質 A をとけるだけとかしました。

① この水溶液《すいようえき》のこさは何％ですか。小数第 2 位を四捨五入し、小数第 1 位まで答えなさい。

② この水溶液を 20℃まで冷やしたところ、ビーカーの底に結晶《けっしょう》があらわれたので、ろ過して結晶をすべて取り出しました。取り出された結晶は何 g ですか。

③ ②のように、一度とかした物質を再び取り出すことを何といいますか。

(3) 下図は、ろ過の操作方法を示しています。正しく行われているものを次より 1 つ選び、記号で答えなさい。

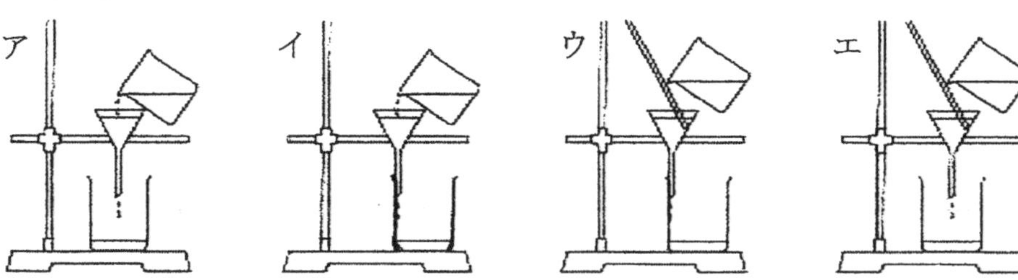

(4) ろ過を行うとろ紙上に結晶《けっしょう》が残るものを次より 1 つ選び、記号で答えなさい。

ア 60℃の水 100g に物質 B を 35.0g とかした水溶液《すいようえき》を、50℃まで冷やしたもの

イ 60℃の水 100g に物質 A を 13.0g とかした水溶液を、60℃に保ったまま水を 20g 蒸発させたもの

ウ 80℃の水 100g に物質 B を 20.0g とかした水溶液 100g を 60℃まで冷やしたもの

大阪国際中学校

令和5年度 入学試験（1次A日程）国語 解答用紙

受験番号	
名前	

※100点満点

一

問1	問2	問3	問4	問5	問6	問7	問8
	A				・		
	B				・		
	C						
	D						

問１． ２点
問２． ２点×４
問３． ４点
問４． ５点
問５． ４点
問６． ３点×２
問７． ５点
問８． ４点
問９． ４点
問10． ４点
問11． ４点

	(2)	
番目		

cm^2	(2)	cm^2

時速　　km	(2)	回
km		

5点×20　※100点満点

験番号	氏名	
		/100

〈筆記問題〉

5　1点×5

1)

2)

3)

4)

5)

6　1点×5

1)	①	②	③	2)	①	②	③
3)	①	②	③	4)	①	②	③
5)	①	②	③				

7　3点×4

1)	①	②	③	2)	①	②	③
3)	①	②	③	4)	①	②	③

8　2点

第3問 これから流れる対話と質問を聞いて、その答えとして最も適切なものを①～③の中から選び、解答用紙の番号に○をつけなさい。対話と質問は2回流れます。メモを取っても構いません。それでは始めます。

Question 1)

Chris: Hi, Takashi. What do you have in your hand?
Takashi: Hi, Chris. I have some *origami* paper.
Chris: *Origami* paper? What are you going to do with it?
Takashi: I'm going to make paper cranes and give them to my friend in the hospital.
Question: Where is Takashi's friend now?

Question 2)

Son: Mom, is it still raining?
Mom: I don't think so. The weather is getting better. Are you going out?
Son: I'm going to study at the library with Kate.
Mom: Please come home before dinner.
Question: How is the weather now?

Question 3)

Eric: You finished your homework, didn't you?
Saori: No. I'm still working on it now. Hmm, could you help me with it?
Eric: What kind of help do you need?
Saori: I'm writing about my future dream in English.
Could you correct my mistakes?
Question: What is the man going to do next?

Question 4)

Saori: Hi, Pell. I phoned you last night, but you didn't answer.
Pell: Hi, Saori. Maybe I was in the restaurant at that time.
Yesterday was my mother's birthday. We had dinner there.
Saori: I see.
Question: Whose birthday was yesterday?

第2問 イラストを参考にしながら、これから流れるそれぞれの質問に対して、答えとして最も適切なものを、①～③の中の英文から選び、解答用紙の番号に○をつけなさい。質問は2回流れます。メモを取っても構いません。それでは始めます。

Question 1)
Hi, Class. What day of the week is it today?

Question 2)
Hey, look at that dog.

Question 3)
How was his tennis match?

Question 4)
What's his favorite subject?

3

⑴１点　⑵２点　⑶２点　⑷２点　⑸２点　⑹２点×２

(1)	(2)
(3)	(4)
(5)	
(6)　分類	
理由	

4

⑴１点　⑵２点　⑶２点　⑷２点　⑸２点　⑹２点　⑺２点

(1)	(2)
(3)	(4)
(5)	(6)
(7)	

大阪国際中学校

※50点満

令和５年度　入学試験（１次Ａ日程）理科　解答用紙

受験番号		氏名	

1　２点×６

（１）ばねばかり　g	ばね　cm
（２）　g	（３）　cm
（４）　g	（５）　g

2　２点×６

（１）		
（２）①　%	②　g	③
（３）	（４）	

大阪国際中学校

※50点満点

令和５年度　入学試験（１次Ａ日程）英語　解答用紙

受験番号		氏名	

〈リスニング問題〉

1　１点×４

1)	①	②	③	2)	①	②	③
3)	①	②	③	4)	①	②	③

2　２点×４

1)	①	②	③	2)	①	②	③
3)	①	②	③	4)	①	②	③

3　２点×４

1)	①	②	③	2)	①	②	③
3)	①	②	③	4)	①	②	③

4　３点×２

1)	①	②	③	2)	①	②	③

大阪国際中学校

令和５年度　入学試験（１次A日程）　算数　解答用紙

1

(1)		(2)	
(3)		(4)	
(5)		(6)	
(7)			

2

(1)		(2)	cm
(3)	個	(4)	%
(5)	時　分		

問11	問10

二

問1
①
②
③
④
⑤

問2
① 漢字 意味
② 漢字 意味
③ 漢字 意味
④ 漢字 意味
⑤ 漢字 意味

問1．１点×５
問2．１点×10

三

(1)	(2)	(3)
A	A	A
B	B	B
C	C	C

２点×９

四

問1

問2
(1)
(2) Ⅰ Ⅱ Ⅲ Ⅳ

問3
a
b
c
d　る
e　かな

問1．２点
問2．⑴１点
⑵１点×４
問3．２点×５

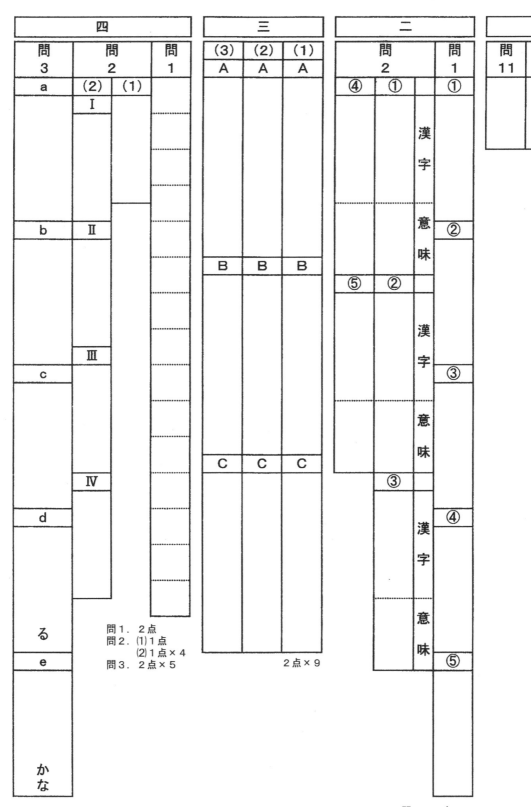

3　2022 年 11 月 5 日、日本の全域で皆既《かいき》月食という天文現象が観測できました。大阪市のある場所でこの皆既月食を観察したことをきっかけに、天体に興味を持った A 君は、次のように月や月食についての疑問点を４つ書き出しました。これについて、あとの問いに答えなさい。

① なぜ、月はきれいに光って見えるのだろう？
② なぜ、月にはウサギのような模様が見えるのだろう？
③ どのようなタイミングで月食が起こるのだろう？
④ 月の大きさはどれくらいだろう？

(1) ①について、地球から月が光って見える理由を説明した次の文の（　　　）に当てはまる語句を答えなさい。

月は（　　　）から出た光を反射しているから。

(2) ②について、月に見られる模様は、月の表面に多数見られるボコボコした丸いくぼみに、月の内部からふき出した溶岩《ようがん》が満ちてつくられた地形です。このくぼみのことを何というかカタカナで答えなさい。

(3) ③について、月食が起こったときの地球、太陽、月の位置関係について、正しく並んでいるものを次より１つ選び、記号で答えなさい。

ア （太陽）―（地球）―（月）　イ （太陽）―（月）―（地球）　ウ （月）―（太陽）―（地球）

(4) ③について、月食が起こったとき、大阪市のある場所から見て月は右側・左側のどちらの方向から次第に欠けて見えるか答えなさい。

(5) ④について、地球からの見かけ上、月と太陽はほとんど同じ大きさに見えます。この理由として最も適切なものを次より１つ選び、記号で答えなさい。

ア 実際に、月と太陽はほとんど同じ大きさだから。
イ 地球から見たときに、月は太陽よりも非常に離《はな》れた場所にあるから。
ウ 地球から見たときに、太陽は月よりも非常に離れた場所にあるから。
エ 地球と月はどちらとも太陽の周りを同じ周期で公転しているから。

(6) この日の皆既《かいき》月食では、同時に月の後ろに天王星がかくれて見えなくなってしまう天王星食も観測されました。天王星とは、地球と同じように太陽の周りを回る天体の１つで、このような天体を惑星《わくせい》といいます。太陽の周りを回る惑星は現在８個知られており、下の表１に示すように、それぞれ大きさや重さが異なります。また、これら８個の惑星は、表１のデータから表２のように“地球型惑星”と“木星型惑星”に分けることができます。

	① 地球を１としたときの大きさ（体積）の比	② 地球を１としたときの重さの比	②÷① 大きさに対する重さの比
水星	0.055	0.055	1
金星	0.85	0.82	0.965
地球	1	1	1
火星	0.15	0.11	0.733
木星	1405	318	0.226
土星	830.6	95.2	0.115
天王星	64	14.5	0.227
海王星	60	17.1	0.285

表１

A：地球型惑星	水星・金星・地球・火星
B：木星型惑星	木星・土星・海王星

表２

この分類によると天王星は“地球型惑星”と“木星型惑星”のどちらに分類されますか。地球型惑星のときはA、木星型惑星のときはBと記号で答えなさい。また、そう考えた理由を表を見て簡単に答えなさい。

4 人間は、走る、泳ぐなどの活動状態やおどろいたとき（以下、“活動状態”と記します）と、リラックスしているときで体の中でさまざまな変化が現れます。例えば活動状態のとき、呼吸は浅く、早くなりますが、リラックスしている状態では逆にゆっくりとした深い呼吸になります。活動状態のときとリラックスしているときに現れる主な体の変化を表にまとめました。これについて、あとの問いに答えなさい。

活動状態のとき		リラックスしているとき
浅く、早くなる	呼吸	ゆっくりと、深くなる
少なくなる	だ液の量	多くなる
速くなる	心臓の動き	遅《おそ》くなる
多くなる	汗《あせ》の量	少なくなる
ちぢむ	血管	広がる
ちぢむ	皮ふ	広がる
おだやかに動く	消化管	活発に動く
こわばる	筋肉	ゆるむ

(1) 呼吸をして、吸った空気は気管を通り、何という器官にたまるか答えなさい。

(2) 呼吸をして、血管を通って全身に運ばれる空気中の物質の名前は何か答えなさい。

(3) だ液のはたらきに関する記述として正しいものを次より１つ選び、記号で答えなさい。

ア　食べ物の中に含《ふく》まれているタンパク質を別のものに変える。
イ　食べ物の中に含まれているデンプンを別のものに変える。
ウ　ヨウ素液の色を無色から青紫《あおむらさき》色に変える。
エ　リトマス紙の色を赤色から青色に変える。

(4) ふつう、心臓は周期的な動きで血液を全身に送り出しています。この心臓の動きを何というか答えなさい。

(5) 食事の後、リラックスしているときには胃の活動は活発に動くか、おだやかに動くか答えなさい。

(6) 一般的《いっぱんてき》に血圧とは、血管内を流れる血液が血管の壁《かべ》をおす力のことを指します。活動状態によって血管がちぢむと血圧は上がるか、下がるか答えなさい。

(7) 表中から分かることとして正しいものを次より１つ選び、記号で答えなさい。

ア　ぐっすり眠《ねむ》った後、朝起きたら口の中がかわいていた。
イ　活動状態のときは、鳥肌《とりはだ》が立ちやすい。
ウ　食後の激しい運動は、食べ物の消化に効果的である。
エ　深呼吸をすることで、筋肉を引き締《し》めることができる。

第4問 これから流れる英文と質問を聞いて、その答えとして最も適切なものを①~③の中から選び、解答用紙の番号に○をつけなさい。英文と質問は2回流れます。メモを取っても構いません。それでは始めます。

Question 1)
Is tomato a fruit or a vegetable? Some people say it is a fruit, but others say it belongs to vegetable. In Japan, at supermarkets, you'll see tomatoes with other vegetables. However, it does not surely mean that tomato is a vegetable. Who knows the answer?
Question: Is tomato a vegetable?

Question 2)
That morning, Kenji got up early to take the first train. He quickly finished breakfast and changed clothes. When he got out of the house to ride his bike, he found that it was gone. Maybe it was stolen. So he had to ask his mother to drive him to the station.
Question: How did Kenji go to the station?

以上でリスニング問題を終了します。引き続き筆記問題に取り組んで下さい。

※音声は収録しておりません

令和５年度 大阪国際中学校 入学試験一次Ａ日程（英語）リスニングスクリプト

ただ今から、令和5年度大阪国際中学校入学試験一次Ａ英語リスニング問題を始めます。

第1問 これから、それぞれのイラストについて、英語の文が3つ流れます。イラストに合っているものをひとつ選び、解答用紙の番号に○をつけなさい。英語の文は2回流れます。メモを取っても構いません。それでは始めます。

Question 1)
1 Here's a book about animals.
2 Here's a book about world history.
3 Here's a book about the weather.

Question 2)
1 A man is standing in front of the house.
2 A man is running out of the house.
3 A man is running into the house.

Question 3)
1 The boy loves fast food.
2 The boy does not like fast food.
3 The boy likes vegetables very much.

Question 4)
1 They're watching a movie of nature.
2 They're making a drama of nature.
3 They are writing a play of nature.

【 問い 】

1) What do students do in this class?

① They learn a Japanese culture.

② They enjoy an online communication in English.

③ They teach how to make *origami.*

2) What will you do if you want to join this class?

① You will give your name and the class number by phone.

② You will send your name and the class number by email.

③ You will visit the origami class and write your name on the list.

3) What class will you take if you want to join the class on a weekend?

① Class 1.

② Class 2.

③ Class 3.

4) How long is the origami class?

① For 30 minutes.

② For 60 minutes.

③ For 90 minutes.

5) If you want to join the class after seven o'clock, what class is good for you?

① Class 1.

② Class 2.

③ Class 3.

7 次の英文の内容について、あとに英文の問いがあります。それぞれの問いに対する答えとして最も適切なものを①～③から選び、解答用紙の番号に○をつけなさい。

Skateboarding first started in California around 1950. Surfers started it when the waves were low. They called it 'roller surfing,' because they used the board with wheels under it. Then, some teenagers began to play it, but it was not so popular yet.

Around 1970, the wheels got much better and it quickly became popular among young people in the UK as 'skateboarding.' Later, it became popular around the world. However, they didn't have places to enjoy it. Teenagers enjoyed skateboarding on the streets and they got together and enjoyed it in parking lots. Some people didn't like it and said it was dangerous. Parks for skateboarding were prepared, but still the number of skateboarders did not became larger.

Around 1990, hip-hop music became popular. Skateboarders loved the music and the set of skateboarding and hip-hop music was loved by a lot of young people.

Around 2000, video games used the scenes of skateboarding and created very exciting games. Those games became a great hit and more people started to play skateboarding out of the games. YouTube showed their skating scenes and skateboarding became one of the most exciting and fashionable sports.

Now a lot of people enjoy skateboarding. Not only young people but adults also are attracted with it and practice hard so that they can play some difficult tricks. In the Tokyo Olympic Games 2022, skateboarding was one of the four new sports.

【 問い 】

1) Who started skateboarding first in California?

① Roller skaters. ② Surfers. ③ Some teenagers.

2) What made skateboarding more popular around 1970?

① Better wheels. ② Fashionable boards. ③ Parks for skateboarding.

3) What made skateboarding more popular around 1990?

① Hip-hop music. ② YouTube. ③ Video games.

4) Choose the best title of this passage.

① History of Skateboarding

② Hip-Hop Music and Skateboarding

③ One of the New Olympic Games Sport

8 次の教室掲示について、Work Bank 内の語（句）をすべて用いて１０語程度の英文で説明をしなさい。英文は２文になっても構いません。なお、英文は解答用紙に書くこと。

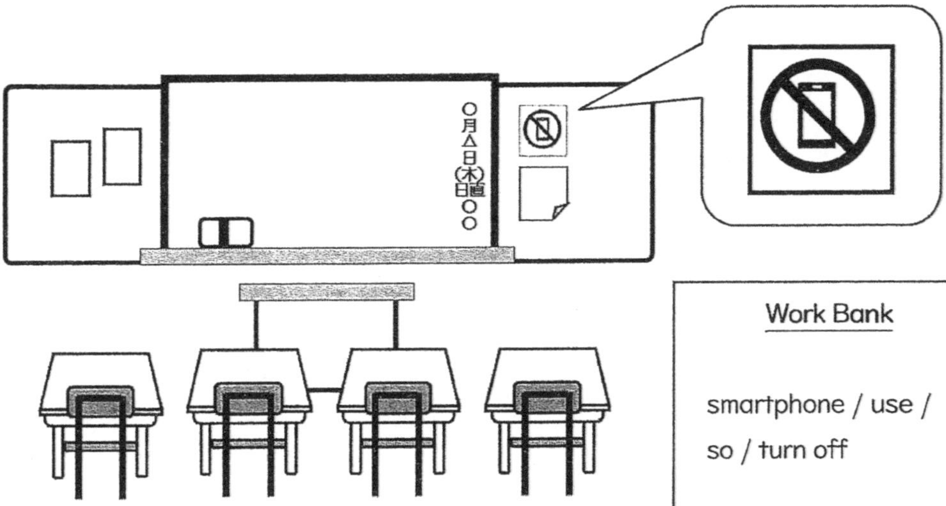

Work Bank

smartphone / use /
so / turn off

問題は以上です。

大阪国際中学校

令和５年度入学試験問題

１次Ａ日程

英語

(30分)

―――――― 受験上の注意 ――――――

（1）合図があるまで開いてはいけません。

（2）問題は１～８まであります。

（3）１～４はリスニング問題です。

（4）解答はすべて解答用紙に記入しなさい。

解答用紙は問題冊子の中に折り込んであります。

（5）終わったら解答用紙は裏返して机の上に置きなさい。

（6）問題冊子は持ち帰ってはいけません。もとのように折り、

解答用紙とは別にして机の上に置きなさい。

受験番号		名前	

<リスニング問題>　　※音声は収録しておりませ

1　これから、それぞれのイラストについて英語の文が３つ流れます。イラストに合っているものを１つ選び、解答用紙の番号に○をつけなさい。英語の文は２回流れます。メモを取ってもかまいません。

1)

2)

3)

4)

2 イラストを参考にしながら、これから流れるそれぞれの質問に対して、答えとして最も適切なものを、①～③の英文から選び、解答用紙の番号に○をつけなさい。質問は2回流れます。メモを取ってもかまいません。

1)

1 It's Tuesday.

2 It's December 12.

3 It's 2023.

2)

1 Yes, he wants a pet dog.

2 Oh, it's a guide dog.

3 No, it isn't.

3)

1 Sorry, but he lost the game.

2 He'll do his best next time.

3 He won the first prize.

4)

1 It's science.

2 He wants to be a scientist.

3 No, he loves math.

3　これから流れる対話と質問を聞いて、その答えとして最も適切なものを、①～③から選び、解答用紙の番号に○をつけなさい。対話と質問は2回流れます。メモを取ってもかまいません。

1) ① At school.
② In the hospital.
③ In the library.

2) ① It's still raining.
② It's not raining any more.
③ It'll rain soon.

3) ① Writing Saori's homework.
② Listening to Saori's speech.
③ Finishing Saori's homework.

4) ① It was Pell's birthday.
② It was Pell's father's birthday.
③ It was Pell's mother's birthday.

4　これから流れる英文と質問を聞いて、その答えとして最も適切なものを、①～③から選び、解答用紙の番号に○をつけなさい。英文と質問は2回流れます。メモを取ってもかまいません。

1) ① Yes, it is.
② No, it isn't.
③ Nobody knows.

2) ① By bike.
② On foot.
③ In his mother's car.

以上でリスニング問題は終了です。続けて筆記問題に解答しなさい。

＜筆記問題＞

5　次のそれぞれの英文の（　　　）に入る適切な単語を解答用紙に答えなさい。なお、数字については算用数字ではなく、英語で答えること。

1) There are (　　　　　) hours in a day.

2) The day between Tuesday and Thursday is (　　　　　).

3) Take your (　　　　　) with you. It's going to rain this afternoon.

4) I'm very thirsty. May I have something to (　　　　　) here?

5) I love spring. There are a lot of beautiful (　　　　　) in parks.

6 次のお知らせの内容について、あとに英文の問いがあります。それぞれの問いに対する答えとして最も適切なものを①～③から選び、解答用紙の番号に○をつけなさい。

Online *Origami* Class

Are you interested in making *origami*? This online class will show you how to make origami works. Why don't you join us?

Please look at the class schedule and choose the class you'd like to join. Then email to origami@oiu.jp, and let us know your name and the number of the class you'd like to join. Then, you'll get the online meeting ID and passcode by our return mail.

Days and Time:

Class 1	Monday	6:00- 7:00 p.m.
Class 2	Thursday	8:00- 9:00 p.m.
Class 3	Saturday	2:00- 3:00 p.m.

If you have some questions, please ask us.

大阪国際中学校

令和４年度入学試験問題
１次Ａ日程

国　語

（50分）

——受験上の注意——

（１）合図があるまで開いてはいけません。
（２）解答はすべて解答用紙に記入しなさい。
解答用紙は問題用紙の中に折り込んであります。
（３）終わったら解答用紙は裏返して机の上に置きなさい。
（４）問題用紙は持ち帰ってはいけません。もとのように折り、解答用紙とは別にして机の上に置きなさい。
（５）字数制限がある問題は、句読点やカッコなども一字に数えます。

受験番号		名前	

一　次の文章を読んで、あとの問いに答えなさい。

西村朝日は北海道小樽《おたる》市に住んでいる小四の男子で、この七月、十歳になった。

誕生日プレゼントには天体望遠鏡を希望した。脚《あし》が三本ついている、本格的なやつだ。月や星がプラネタリウムで見るときaみたいにくっきりと見えるやつ。朝日は夜空に浮《う》かぶ本物の月や星々をこころゆくまで見てbみたかった。①分けても月を見たいと思っていた。

同じクラスの飯塚《いいづか》くんが、お風呂《ふろ》の帰り、月にうさぎのかたちの影ができているのを発見したのだった。餅《もち》こそついていなかったが、あれは絶対にうさぎだと断言していた。「やっぱりか」と朝日はじっくりとうなずいた。

※アメリカ人のアームストロング船長が月面を歩いたのは去年である。船長は旗も立てた。そのようすを朝日はテレビで観《み》た。だが、だからといって、月にうさぎがいないとはかぎらない。もしかしたら、ということがある。ぜひ、この目でたしかめたい。

なのだが、朝日の希望は簡単に却下《きゃっか》された。理由は「まだ早い」「すぐに飽《あ》きる」「こどもにしては高級品」の三点セットだった。次に希望した顕微《けんび》鏡も天体望遠鏡と同じ理由であっけなく却下され、結局、朝日の希望がかなったのは磁石だった。②残念ではあったが、さほどがっかりしなかった。

大きくて、強力な磁石はカッコいい。それにだれも持っていない。同じクラスのなかには、天体望遠鏡や顕微鏡をお兄ちゃんに貸してもらえるヤツがいるが、大きい磁石を持っているとなると、朝日だけにちがいない。よーし、夏休みになったら、塩谷《しおや》に行って、砂鉄をどっさりくっ付けるぞと意気込《ご》んでいた。

ところが、誕生日の少し前、コップのなかの空気を吸って、口のまわりにどろぼうヒゲのようなブシ色（どす黒い紫色）のあとをつけてしまった。「なんであんたは四年生にもなってそんなバカなことをするの。いいかげんにしなさいよ。みったくないんだから、まったくもう」とお姉ちゃんに絞《しぼ》られた。これで今年の誕生日プレゼントはナシになるかもしれないと朝日は大いに心配したのだが、ちゃんともらえた。③よかった。ほんとうによかった。

U字型の磁石は、朝日の手のひらくらいの大きさだった。銀色をしていて、ずっしりと重く、なんだか武器っぽい。ガンマンみたいに構えてみたのだが、遠くにあるものは吸い寄せられなかった。そこで手が磁石の人間の振《ふ》りをした。飛んでくる弾丸《だんがん》を受け止める場面を思い描き、サイボーグ００９の仲間の気分を味わった。

「サイボーグ００９」はおととしだったかそれくらいまでテレビでやっていたマンガである。００９のジョーの首にまいているのは主題歌によると赤いマフラーらしいのだが、朝日の家のテレビは白黒だったため、ねずみ色だった。
白黒テレビでは、白と黒以外の色は、全部、ねずみ色だ。朝日は、「ねずみ色だけど赤」「ねずみ色だけど黄色」「ねずみ色だけど青」と見当をつけたり、つけ忘れたりしながらテレビを観ていた。
④カラーテレビがきて、ねずみ色は単にねずみ色になった。カラーテレビの映す色の感じは、絵の具よりも折り紙に近かった。近いのだけれど、折紙よりも強く「赤です！」「黄色です！」「青です！」と主張していた。ひとことでいうと、「なっまらカラー」（「すっごくカラー」）なのだった。

（中略）

⑤ふたりはテレビの前で突っ立って、※「トムとジェリー」を観た。
「こうやってテレビ観てると、すげぇ怒られるんだ」
どけろや、と朝日は太い声を出し、お父さんの真似をした。昨晩、朝日はテレビの前で歯を磨《みが》いた。最初は洗面所で磨いていたのだが、⑥テレビの音にからだが吸い寄せられた。
「行儀《ぎょうぎ》悪いとか、おれはおまえの尻を見るためにテレビ買ったんじゃないとか。しまいに、はぁってゲンコに息吹きかける音がして、『ワン、ツー』って」
テンまで数えたらゲンコを張られる決まりだった。だから朝日はテンまでいかないうちに洗面所に戻《もど》った。
「お父さん、怒るの？」
富樫《とがし》くんが訊《き》いた。磁石の両はしでズボンの脇《わき》を擦《す》っている。
「お姉ちゃんのほうが怒る。お姉ちゃんはだいたいいつもキーキー怒ってて、お父さんにも怒る」
朝日は肩《かた》を富樫くんの⑦それに寄せ、「うるさいけど、そんなに怖くない」と言い、「本気出したお父さんがいちばんすごい」と大げさに身震《みぶる》いしてみせ、お父さんがちょっと手をあげただけで、反射的に両手で頭を覆《おお》う身振りもしてみせた。
「けど」
言いかけて、のみ込んだ。⑧朝日がもっともこたえるのは、ごくたまにお姉ちゃんが静かに放つひとことだった。
「なんでもない」

バイバイするときみたいに胸の前で両手を振った。「なんでもないって」と念押《ねんお》ししたが、富樫くんは気にしていないようすである。

「うちのお父さんはやさしかったよ。うちにいるときは、いつもぼくを抱っこして、頭を撫《な》でたよ。お母さんもやさしいよ。怒らないよ」

でも、泣く、とテレビの横に磁石をあてた。分厚いテレビの側面に、磁石で大小のマルをかきながら⑨「なにかと言うと泣く」と言った。

「付かないって」

朝日はひとりごとのように言った。テレビの側面は木製だ。磁石が付くわけがない。

「知ってる」

そう言いながら、富樫くんは磁石を滑《すべ》らせ、テレビの上にのぼらせた。アンテナをよけ、今度は磁石で波線をかいていく。

「いつもはにこにこしてるんだ。でも、にこにこがスーッとなくなって、泣く」

こうやって、と富樫くんは磁石を持ったまま、前掛《まえが》けで涙をぬぐう振りをした。

「それが怒るってことか？」

朝日が確認すると、富樫くんは浅く首をかしげ、

「怒らないよ。うちのお母さんは絶対に怒らないの。でも、泣くんだよ」

と磁石をテレビの天板にあてた。ほんの少し前面に下ろし、四角いテレビの輪郭《りんかく》をなぞり出す。始めは上部の横線、※左はしまでいって、下がり、スピーカーに到達《とうたつ》。ペンキを塗《ぬ》るように丁寧《ていねい》になぞっていき、スピーカーのはしっこ、ブラウン管側に近づく。そして富樫くんはブラウン管の輪郭を磁石でなぞり始めた。トムの目玉がびよーんと飛び出しているふちを、ゆっくりとなぞる。テレビに変化が起こった。薄《うす》い虹色《にじいろ》のオーロラのようなものがあらわれたのだ。

ふたりは顔を見合わせた。ふたりとも目を見ひらき、口を開けていた。驚《おどろ》きの表情であり、感動の表情でもあった。

「魔法《まほう》だ！」

朝日の声と、

「きれい……」

富樫くんの声がかち合った。「うん、きれいだ」と朝日が声をうわずらせ、「魔法だね」と富樫くんもはぁはぁ息を弾《はず》

ませた。

虹は磁石の動きに合わせて、あらわれた。磁石をブラウン管に近づければ近づけるほど、あざやかな虹になった。不定形の虹である。天女の羽衣のように［A］と、ふわふわと、見る間にかたちと色を変え、逃げ回るジェリーや、舌なめずりして追いかけるトムや、反撃するジェリーや、ノックアウトされるトムを彩《いろど》った。

「普通のカラーテレビよりこっちのほうがきれいだね」

富樫くんの言葉に、朝日はお手柄《てがら》だ、というふうにしっかりとうなずき、「なっまらカラー！」とゼンマイ仕掛けの猿《さる》のおもちゃのように手を叩《たた》いた。しかし。

興奮はそんなに長くつづかなかった。虹が消えないことに気づいたのだ。

たとえようもなくきれいでも、虹が出っぱなしの画面は見づらい。磁石の魔法は虹を出現させるほうにしか効かないらしく、どんなことをしても――近づけたり、放したり、「消えろ」と念を送っても――虹は居座った。電源を切り、またつけてみても、ちゃあんと虹が［A］と、ふわふわとニュース番組を彩っていた。

「どうする？」

朝日が声を発した。答えを期待する問いかけではなかった。怒られる、絶対怒られる、との思いでいっぱいだった。どのくらい怒られるのか、ちょっと想像がつかなかった。買ったばかりのテレビを壊《こわ》すのは、いままでしてきた悪さのなかでもダントツに罪が重い。「間違《まちが》った」では済まされない。

「ぼく、帰る」

「え？」

「帰る」

帰る時間だし、と富樫くんは壁掛《かべか》け時計を見上げ、見上げたまま、「ダンパン、やめてね」とつぶやいた。「弁しょうもちょっと」とか細い声を出し、「ぼくが大人になったら、もっとすごいテレビ買ってあげます」と壁掛け時計に向かって頭を下げた。「さようなら」とほとんど聞き取れない声で挨拶《あいさつ》し、玄関に足を向けた。

「帰るなや」

朝日は富樫くんの肩を摑《つか》んだ。

「残業がなかったら、もうすぐお姉ちゃんが帰ってくる。いま言ったこと、お姉ちゃんに言え」

「遅《おそ》くなると、うちのお母さんが心配するし、それに、ぼくだけのせいであんなんなったんじゃないよね。西村くんもいたんだもの。西村くんの家なんだから」
　富樫くんはいやいやをして、朝日の手を振りほどき、顔だけテレビに顔を向けた。ハッとしたようにからだごと朝日を振り向き、「いいこと思いついた」と弾みをつけて、言った。
「テレビ、消しとくんだよ。お姉ちゃんがつけて、『これ、どうしたの？』って訊いたら、『知らない』って言えばいいの」
「あ」
　朝日は思わず声が出た。（　Ⅰ　）がかがやいた。素晴らしい思いつきだった。実に「いいこと」だ。ちょっとずるいけれど、背に（　Ⅱ　）は代えられない。なるほど、その（　Ⅲ　）があったか。あったまいー、という目で富樫くんを見た。
　富樫くんは、上目遣《うわめづか》いで朝日を見ていた。カッパの口で笑っていた。お腹あたりで両手を重ねていた。いかにもずるそうな顔だった。これ以上の案はないというような自信と、なのに朝日に気に入られようとするような、朝日の一の子分であるような従順さと、必死さが混じりあっていた。富樫くんが笑みを引っ込めて、言った。
「お母さんに心配かけたくないの。だって、ぼくはもうずっと、ずっと前から、すごく」
　富樫くんは涙と鼻水を同時に流した。透明な鼻提灯《はなちょうちん》ができて、やぶれるさまを見つめる朝日は、おそらく、富樫くんの言いたいことをかなり正確に受け取っていた。富樫くんは、きっと、もうずっとずっと前からがんばっていたのだ。我慢《がまん》もしていたのだ。お母さんのために。
　朝日は両手を髪に入れた。地肌《じはだ》が汗で濡《ぬ》れていた。
　なんで、と思っている。なんで、富樫くんの思いついた「いいこと」にすぐさま賛成できないのか。迷うのか。
　嘘《うそ》をついたり、ごまかしたりすることは朝日にだってある。しょっちゅう、ある。だが、テレビにかんしてはやってはいけないような気がする。お父さんとお姉ちゃんがボーナスをはたいて買ってくれた、大事なカラーテレビだ。大事なものにかんしてつく嘘は、大きな嘘だ。しくじりをナシにしようとする嘘なら、もっといけない。いや、それだけでなく。そうじゃなく。すごくそうしたいけど。だけど。
「だめだ」
　朝日は首を振った。
「お母さんが悲しむ」

それは、朝日がもっともこたえるお姉ちゃんの言葉だった。いつしか、朝日の行動規範となっていた。規範の内容は明確ではなかった。ときに揺《ゆ》れた。お母さんが悲しまないズルも、朝日のなかではいくつもあった。ほとんどがそれだった。でも、今回はアウトだ。だって、テレビだ。カラーテレビだ。

「そんなズルをしたら、お母さんが悲しむでないか」

富樫くんはびっくりした顔をして、ちいさなしゃっくりをした。盛大に洟《はな》をすすり上げる。「悲しむ」ということを考える目をした。彼が知っているかぎりの悲しみというものをそっくり掻《か》き集め、検討するような、そんな目だった。

⑩「おれたちは共犯だ」

ふたりで謝るべ、な？　と朝日が持ちかけた。富樫くんはコクンとうなずいた。うつむいたまま「でも西村くんが先ね」と念を押した。

（朝倉かすみ『ぼくは朝日』より）

※アームストロング船長…一九六九年、宇宙船アポロ11号に乗り、人類で初めて月面に降り立った。

※トムとジェリー…アメリカで作られたアニメーション。お調子者のネコであるトムと、イタズラ好きなネズミであるジェリーのドタバタアニメ。

※ブラウン管…電気信号を像に変える装置。以前はテレビなどの映像を映し出すのに使用されていた。

問1　二重傍線部a「みたいに」、b「みたかっ」と、同じような意味で使われているものを、あとのア～オよりそれぞれ選び、記号で答えなさい。

ア　まるで天使みたいな笑顔の赤ちゃんだ。
イ　今日の夜ご飯は、味が薄いみたい。
ウ　君みたいな幸せ者はいない。
エ　あのおいしそうなおかしを一口だけでも食べてみたいな。
オ　来年こそは三大流星群を全部みたい。

問2　傍線部①「分けても月を見たいと思っていた」とありますが、それはなぜですか。三十字以内で説明しなさい。

問3　傍線部②「残念ではあったが、さほどがっかりしなかった」とありますが、それはなぜですか。その説明としてもっとも適切なものを、あとのア〜オより一つ選び、記号で答えなさい。

ア　天体望遠鏡も顕微鏡も買ってはもらえなかったが、どうせ買ってもらえないだろうと最初から期待していなかったから。

イ　天体望遠鏡は買ってもらえなかったが、お兄さんは持っていたとしても誰も自分のは持っていないだろうと思えたから。

ウ　天体望遠鏡も顕微鏡も買ってもらえなかったが、まだ早いと言われただけでもう少しすれば買ってもらえそうだったから。

エ　天体望遠鏡は買ってもらえなかったが、強力な磁石はカッコいいうえにきっとだれも持っていないだろうと思えたから。

オ　天体望遠鏡も顕微鏡も買ってもらえなかったが、新しく買ってもらった磁石の方にすべての興味が移ってしまったから。

問4　傍線部③「よかった。ほんとうによかった」とありますが、これは朝日のどのような様子をあらわしていますか。その説明としてもっとも適切なものを、あとのア〜オより一つ選び、記号で答えなさい。

ア　四年生にもなってコップで遊びお姉ちゃんに怒られたことで、誕生日プレゼントの磁石を買ってもらえないのではと不安になっていたところ、きちんともらえてほっとした様子。

イ　四年生にもなってコップで遊んで顔にあとをつけてしまったせいでお姉ちゃんに怒られ、誕生日プレゼントがナシになるかと思ったが、なんとか磁石だけでも買ってもらえてうれしかった様子。

ウ　四年生にもなってコップで遊んでお姉ちゃんに怒られたことで、誕生日プレゼントもナシになってしまうかと思ったがもらうことができたので、お姉ちゃんと仲直りができたと思い安心した様子。

エ　四年生にもなってコップで遊んだせいでお姉ちゃんに怒られてしまったが、誕生日プレゼントはなんとかもらえたし、お姉ちゃんの怒りもそこまで強くなさそうだとわかって緊張がほどけた様子。

オ　四年生にもなってコップで遊んで顔にあとを付けてしまったせいでお姉ちゃんが怒っていたので、見放されたかと怖くなったが、誕生日プレゼントももらえたのでそうでないとわかり一息ついた様子。

問5　傍線部④「カラーテレビがきて、ねずみ色は単にねずみ色になった」とはどういうことですか。その説明としてもっとも適切なものを、あとのア～オより一つ選び、記号で答えなさい。

ア　白黒テレビではねずみ色にも黒に近いものや白に近いものなどさまざまな色があって見ていて楽しかったのだが、新しくきたカラーテレビでは一色のねずみ色でしかなくなったということ。

イ　白黒テレビでは赤や青、黄色などを仕方なしにねずみ色で表していたが、新しいカラーテレビでは赤は赤、青は青、黄色は黄色で表され、ねずみ色がまったく使われなくなったということ。

ウ　白黒テレビでは白、ねずみ色、黒の三色しか使っていなかったが、新しいカラーテレビでは赤や青、黄色などが使われ色あざやかになり三色だったころとくらべてマンガが見やすくなったということ。

エ　白黒テレビではさまざまな色をねずみ色で表していたのでおもしろみがなかったが、新しいカラーテレビは色がその色で表されるため、カラフルできれいな画面になったということ。

オ　白黒テレビではねずみ色が赤や青、黄色などさまざまな色である可能性があったが、カラーテレビのねずみ色は単なるねずみ色でしかなく、想像をふくらませることができなくなったということ。

問6　傍線部⑤「ふたり」とはだれとだれのことですか。あとのア～オより二つ選び、記号で答えなさい。

ア　西村朝日　　イ　飯塚くん　　ウ　お姉ちゃん　　エ　お父さん　　オ　富樫くん

問7　傍線部⑥「テレビの音にからだが吸い寄せられた」とありますが、これはだれが、どうなったことをたとえたものですか。四十字以内で説明しなさい。

問8　傍線部⑦「それ」が指す内容を、本文中の語で答えなさい。

問9　傍線部⑧「朝日がもっともこたえるのは、ごくたまにお姉ちゃんが静かに放つひとことだった」とありますが、「朝日がもっともこたえる」「ひとこと」とは具体的にどんな言葉ですか。本文中から抜き出しなさい。

問10　傍線部⑨「『なにかと言うと泣く』と言った」とありますが、だれが「泣く」と、だれが「言った」のですか。本文中の語をそれぞれ抜き出し、「～が泣くと……が言った。」の形で答えなさい。

問11　本文中の二つの空らん A に共通して入る語としてもっとも適切なものを、あとのア～オより一つ選び、記号で答えなさい。

ア　きらきら　　イ　ぴかぴか　　ウ　そよそよ　　エ　ひらひら　　オ　ぱたぱた

問12　空らん（　Ⅰ　）～（　Ⅲ　）に入る体の一部分を表す語を、漢字でそれぞれ答えなさい。

問13　傍線部⑩「おれたちは共犯だ」とありますが、朝日はなぜ「共犯だ」と言ったのですか。その説明としてもっとも適切なものを、あとのア～オより一つ選び、記号で答えなさい。

ア　ブラウン管にあらわれた虹を、富樫くんといっしょに喜んだから。
イ　富樫くんだけを犯人にしたら、富樫くんのお母さんが悲しむから。
ウ　虹は消えないと予想していたのに、富樫くんと楽しんでいたから。
エ　テレビが壊れたのを、最初は富樫くんのせいにしようとしたから。
オ　怒られないように、富樫くんといっしょに言いわけを考えたから。

二　次の四字熟語、ことわざ、慣用句の問いに答えなさい。

問1　次の空らんに漢字一字を入れ、四字熟語を完成させなさい。

①　意味深□　②　□刀直入　③　温□知新

④　□機一転　⑤　絶□絶命

問2　次の空らんに言葉を入れ、ことわざ、慣用句を完成させなさい。また、それぞれの意味として適切なものを、あとのア～クより選び記号で答えなさい。

①　□にくぎ

②　さわらぬ□にたたりなし

③　□坊主

④　待てば□の日和あり

⑤　□より証拠

ア　何度も聞くより見たほうがよくわかるということ

イ　よけいな手だしをすると損だということ

ウ　長続きしない様子

エ　理屈をならべるより実物を見せればすぐわかること

オ　あとで悔やんでも役に立たないこと

カ　じっと待てば幸運もやって来ること

キ　余計なことをしなければ幸運がまいこむこと

ク　手ごたえがないこと

三　次の各文の言葉同士の関係を図のように整理すると、A～Cに入る言葉はどれになりますか。例を参考にして答えなさい。

（例）わたしには　二人の　少年の　会話が　とても　はっきりと　聞こえた　。

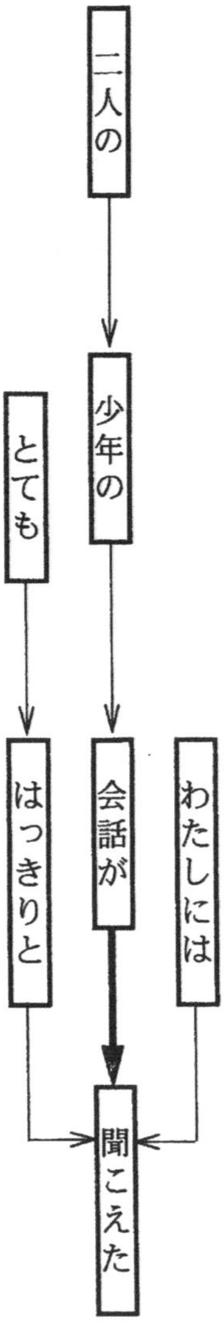

。

(1) 真っ赤で　おいしそうな　大きい　リンゴの　なる　木は　ある　人が　たまたま　立ち寄った　林の　中に　あった　。

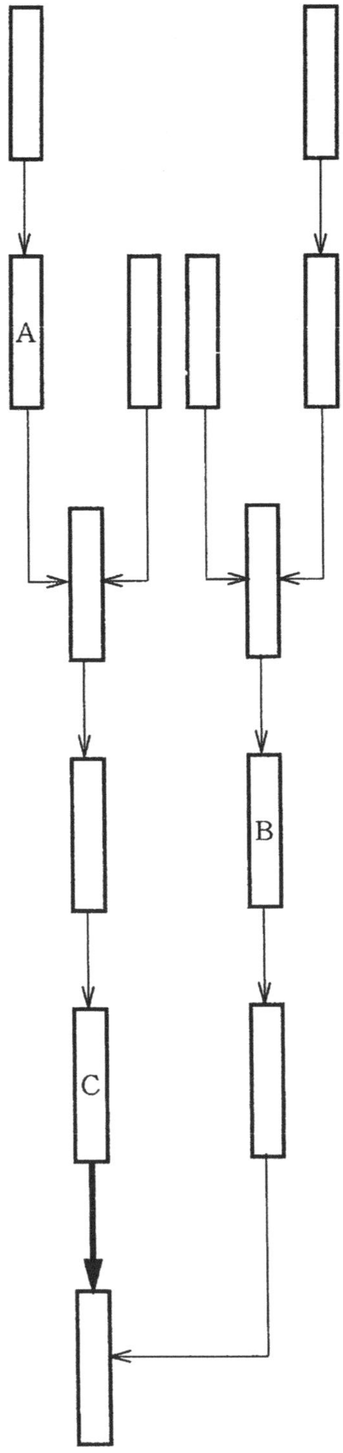

。

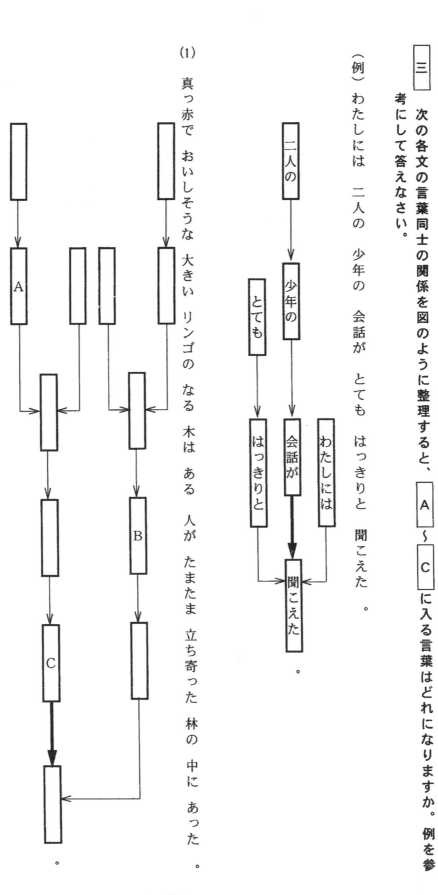

(2) 自転車で 長い 坂道を 登って 見えた 頂上からの 景色は 美しい 夕焼けが オレンジ色に そめた きらきら 光る 海だった 。

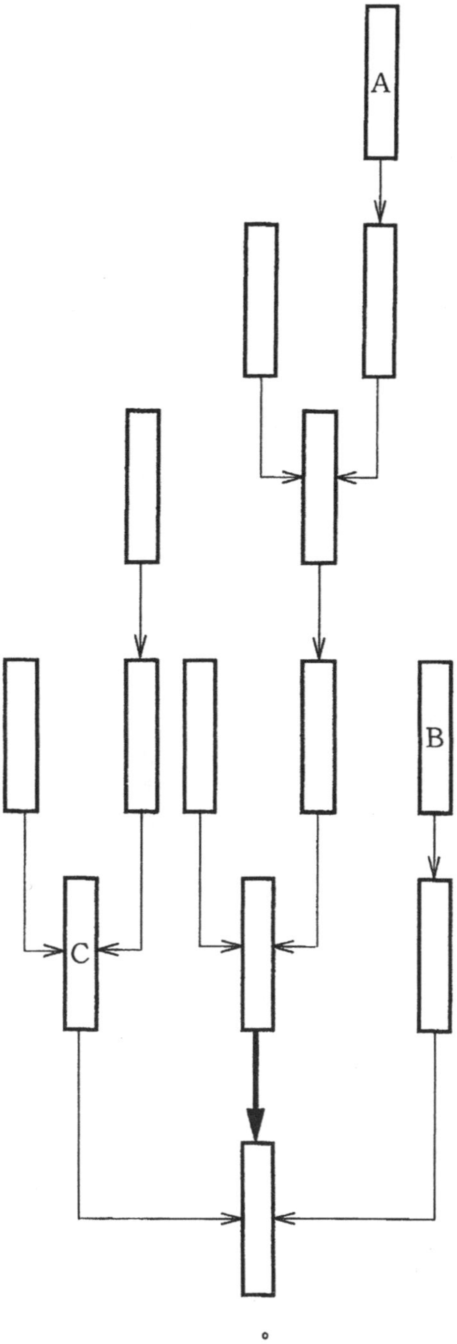

(3) 火星探査機によって 火星の グランドキャニオンとも 呼ばれる マリネリス渓谷《けいこく》で 氷に なった 大量の 水が 表面に 近い 地下で 発見された 。

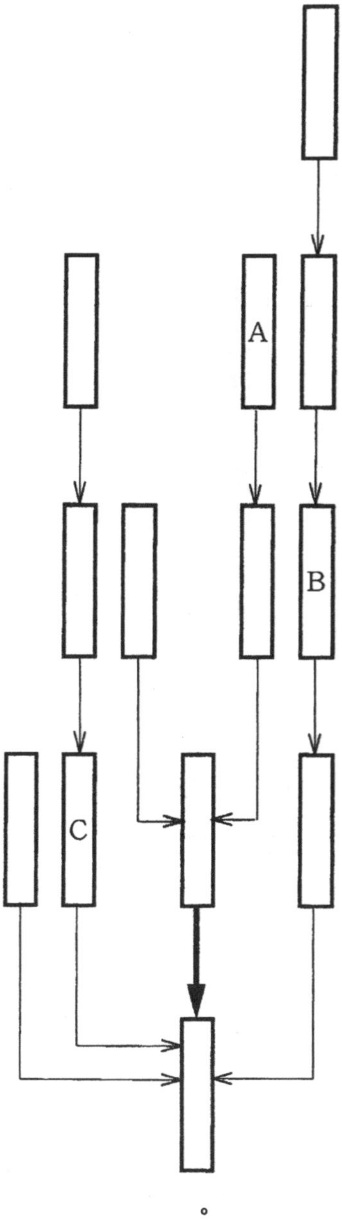

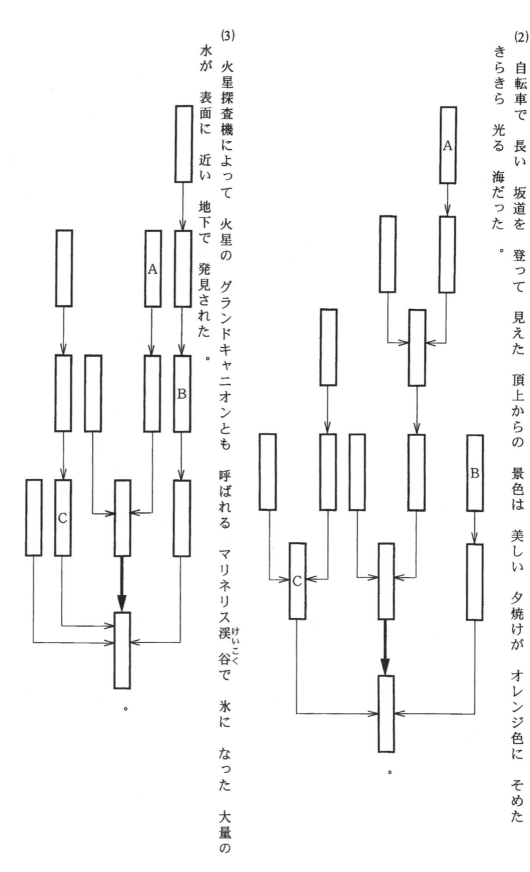

四 次の文章は読売新聞のコラム「編集手帳（二〇一五年十二月二十三日付け）」です。これを読んで、あとの問いに答えなさい。

お詫び
著作権上の都合により、文章は掲載しておりません。
ご不便をおかけし、誠に申し訳ございません。
教英出版

※符丁…仲間うちだけに通用する言葉。合い言葉。
※鳩無鳥…「鳩」の訓読みは「ハト」

問1　傍線部①「僧侶の世界で用いられた数字の符丁」とありますが、あなたがこの符丁のルールにのっとって「八」を表現するなら、どのようにしますか。考えて答えなさい。

問2　傍線部②「内」、③「外」は何を表しますか。それぞれ漢字二字で答えなさい。

問3　空らん［A］に入るカタカナ二字の語を、本文を参考に自分で考えて、答えなさい。

問4　二重傍線部a～eのカタカナを漢字に直して答えなさい。

大阪国際中学校

令和４年度入学試験問題

１次Ａ日程

英　語

(30分)

受験上の注意

（１）合図があるまで開いてはいけません。

（２）問題は1～8まであります。

（３）1～4はリスニング問題です。

（４）解答はすべて解答用紙に記入しなさい。
解答用紙は問題冊子の中に折り込んであります。

（５）終わったら解答用紙は裏返して机の上に置きなさい。

（６）問題冊子は持ち帰ってはいけません。もとのように折り、
解答用紙とは別にして机の上に置きなさい。

受験番号		名前	

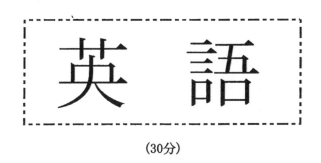

＜リスニング問題＞

1　これから、それぞれのイラストについて英語の文が３つ流れます。イラストに合っているものを１つ選び、解答用紙の番号に○をつけなさい。英語の文は２回流れます。メモを取ってもかまいません。

※音声は収録しておりません

1)

2)

3)

4)

2 イラストを参考にしながら、これから流れるそれぞれの質問に対して、答えとして最も適切なものを、①～③の英文から選び、解答用紙の番号に○をつけなさい。質問は２回流れます。メモを取ってもかまいません。

1)
① It's sunny today.
② It's Sunday.
③ I'm good.

2)
① Sure.
② Thank you.
③ Oh, I like my pen.

3)
① It's curry and rice.
② I like strawberries.
③ My favorite color is red.

4)
① It's M-A-R-Y.
② My name is Mary.
③ I live in Osaka.

3 これから流れる対話と質問を聞いて、その答えとして最も適切なものを、①～③から選び、解答用紙の番号に○をつけなさい。対話と質問は２回流れます。メモを取ってもかまいません。

1）① April eighth. ② April ninth. ③ My birthday.

2）① At the Central Park. ② At 1:00 p.m. ③ At a man's house.

3）① Go camping. ② Rainy weekend. ③ Go to Kyoto.

4）① Go to the bookstore. ② Bake a cake. ③ Buy some books.

4 これから流れる英文と質問を聞いて、その答えとして最も適切なものを、①～③から選び、解答用紙の番号に○をつけなさい。英文と質問は２回流れます。メモを取ってもかまいません。

1）① Netball. ② Australia. ③ Soccer.

2）① Stayed at a hotel.
② Enjoyed food at a restaurant.
③ Visited her grandmother in Singapore.

＜筆記問題＞

5　次のそれぞれの英文の（　　　）に入る適切な単語を解答用紙に答えなさい。なお、数字については算用数字ではなく、英語で答えること。

（1） There are (　　　　　) days in a week.

（2） Saturday comes after (　　　　　) and before Sunday.

（3） My favorite subject is (　　　　　).　I like animals and plants.

（4） Please use this (　　　　　) to enter the room.

（5） Sit on this (　　　　　) while waiting.

6　次のお知らせの内容について、あとに英文の問いがあります。それぞれの問いに対する答えとして最も適切なものを①～③から選び、解答用紙の番号に○をつけなさい。

Do you want to make friends with people around the world?

Osaka International Junior High School English Club

is looking for new members!

Join our club, and you will have wonderful chances to meet people from different places!

The English Club members exchange emails and talk online with Australian students in English and Japanese. There are many students studying Japanese at Sydney School, our partner school in Australia.

When students come to our school from other countries, we take them to Kyoto or Nara and learn about Japanese history together.

Times:	Monday & Thursday	5:00 p.m. - 6:00 p.m.
	Saturday	2:00 p.m. - 5:00 p.m.
Place:	Room 1101	

If you have any questions, contact Haruka Tanaka at h-tanaka@oiu.edu or talk to Mr. Anderson.

大阪国際中学校
令和４年度　入学試験問題
１次Ａ日程

算　　数

（50分）

受験上の注意

（１）合図があるまで開いてはいけません。
（２）解答はすべて解答用紙に記入しなさい。
　　解答用紙は問題用紙の中に折り込んであります。
（３）終わったら解答用紙は裏返して机の上に置きなさい。
（４）問題用紙は持ち帰ってはいけません。もとのように折り、
　　解答用紙とは別にして机の上に置きなさい。
（５）答えが分数になるときには、これ以上約分できない分数に
　　して答えなさい。
（６）円周率は3.14を使用しなさい。

受験番号		名前	

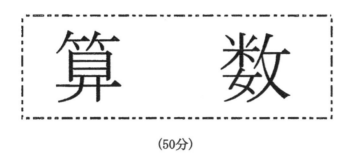

1 次の計算をしなさい。

(1) $58241-7654$

(2) 2.8×10.3

(3) $\frac{2}{3}\div\frac{8}{9}\times\frac{3}{4}$

(4) $2592-864\div(5+11\times2)$

(5) $\frac{11}{3}+0.75-\frac{1}{2}$

(6) $2\div0.02+(3+4)\times50-25\times6$

(7) $333+1.876+7+59+22+47-46-21-58-6-0.876-332$

計算用紙

2 次の問いに答えなさい。

(1) 正七角形の対角線の本数を答えなさい。

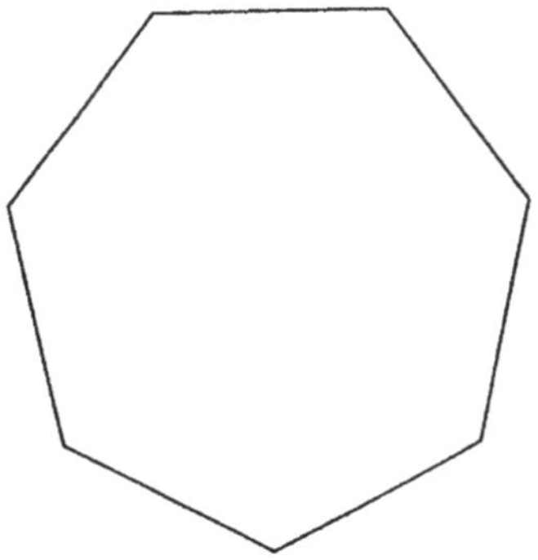

(2) ある商品を定価の 70 % で 4 個売ると，合計金額が 8680 円であった。この商品 1 個の定価はいくらか答えなさい。

(3) ある文房具屋でシャープペンシルとノートと消しゴムを買うことにした。
シャープペンシル 1 本とノート 1 冊を買うと 472 円，シャープペンシル 1 本と消しゴム 1 個を買うと 429 円，ノート 1冊と消しゴム 1 個を買うと 251 円である。
シャープペンシル 3 本とノート 3 冊と消しゴム 3 個を買うと合計でいくらになるか答えなさい。

(4) 右の図のような 角 C が直角である直角三角形 ABC があり，AC＝4 cm，BC＝3 cm である。
この直角三角形を，点 B を通り直線 AC に平行な直線を 軸 にして回転させる。このときできる立体の体積を求めなさい。
ただし，円周率は 3.14 とする。

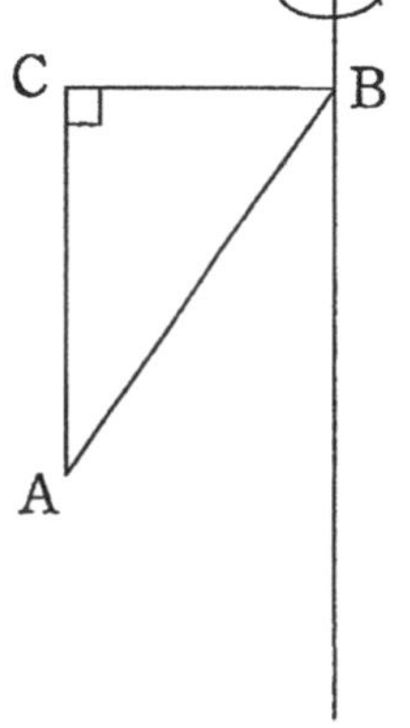

(5) 以下のように，ある規則で並んだ分数がある。

$$\frac{1}{2}, \frac{1}{4}, \frac{1}{2}, \frac{1}{6}, \frac{1}{3}, \frac{1}{2}, \frac{1}{8}, \frac{1}{4}, \frac{3}{8}, \frac{1}{2}, \frac{1}{10}, \frac{1}{5}, \frac{3}{10}, \frac{2}{5}, \frac{1}{2} \cdots$$

この分数の列の 20 番目の分数を答えなさい。

3 図1のような，直角をはさむ2辺の長さが3㎝の直角二等辺三角形について，次の問いに答えなさい。

(1) 図1の直角二等辺三角形の面積を求めなさい。

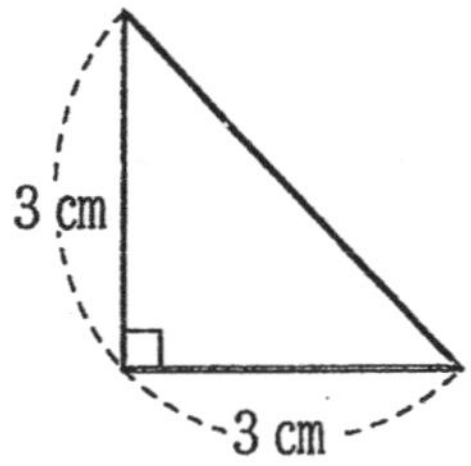

図1

(2) 図2のように，図1の直角二等辺三角形を4個並べた。図2の斜《しゃ》線部分の面積を求めなさい。

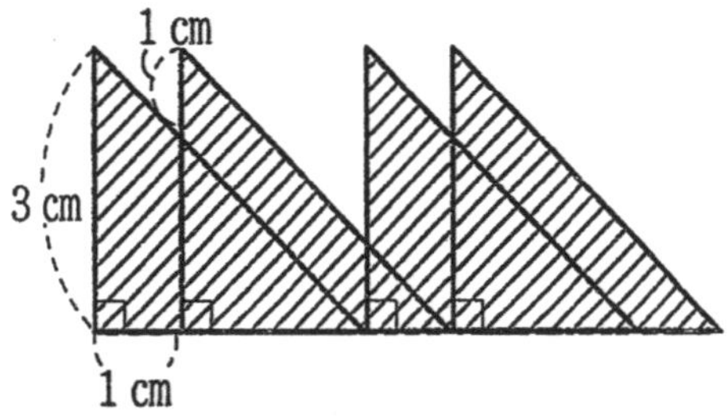

図2

(3) 図3のように，図1の直角二等辺三角形を1㎝ずつ右にずらして100個並べた。図3の斜線部分の面積を求めなさい。

図3

計算用紙

4 A くんと B くんは，0 から 15 までの整数の数字が書かれたカードが 1 枚ずつ入った袋《ふくろ》を，それぞれ1袋ずつ持っている。2人はそれぞれこの袋からカードを1枚取り出し次の問いのルールに従い数直線上を移動し，移動後その場所で止まる。
ただし，数直線の目盛りは0から50までとする。

(1) 下の図のように， A くんは数直線の目盛りの 20 から， B くんは目盛りの 29 からスタートする。
次のルールで移動したとき， A くんと B くんが 同じ目盛りで止まる場合の数は何通りあるか答えなさい。

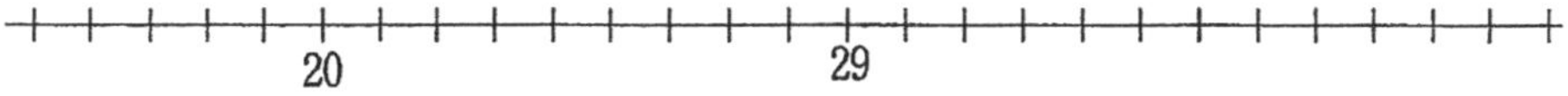

ルール

取り出したカードの数字と同じだけ，数直線の目盛りを右に移動する。

ただし， 0 のカードを 取り出したときは， その場所から 動かず止まったままとする。

(2) (1) と同様に， A くんは数直線の目盛りの 20 から， B くんは目盛りの 29 からスタートする。
次のルールで移動したとき， A くんと B くんが同じ目盛りで止まる場合の数は何通りあるか答えなさい。

ルール

① 取り出したカードが奇数《きすう》のときは，そのカードの数字と同じだけ，数直線の目盛りを右に移動する。
② 取り出したカードが偶数《ぐうすう》のときは，そのカードの数字と同じだけ，数直線の目盛りを左に移動する。

ただし，0のカードを取り出したときは，その場所から動かず止まったままとする。

計算用紙

5 K 中学の たかしくん，のりおくん，しげるくんは，昨年のオリンピックの話題で盛り上がっていた。

以下の会話文を読んで，次の問いに答えなさい。

のりおくん「みなさん，見ましたか？ 昨年のオリンピック。私は野球とサッカーとバスケットボール の 3 つ競技を見ました。どの競技も白熱して，良い試合でしたね。」

たかしくん「見た見た。でも私は宿題に追われていて，バスケットボールだけ見たよ。他の競技も見たかったなー。」

しげるくん「私は野球を見ていたよ。」

のりおくん「優勝して，すごかったですね。みんなが何を見ていたか，アンケートを取ってみましょう。」

のりおくん，たかしくん，しげるくんも含めて，K 中学の生徒 100 人に野球とサッカーとバスケットボールの競技のうち，どれを見たのかアンケートを取った。

のりおくん「野球とサッカーとバスケットボールのうち，どれか 1 つだけを見た人は，63 人いました。」

たかしくん「へえ。そうなんだ。私と同じように，バスケットボールだけを見た人は，私も含めて 21 人だったよ。」

しげるくん「私と同じように野球を見た人は私も含め 36 人もいたよ。みんな優勝の瞬間《しゅんかん》を見て，感動したって言ってたよ。」

のりおくん「優勝の瞬間は本当に盛り上がりましたね。ところで，サッカーを見た人は 35 人でした。サッカーも面白い試合ばかりでしたね。」

たかしくん「野球とサッカーの両方を見た人は 8 人だったよ。私はバスケットボールだけしか見られなかったから，野球とサッカーも見たかったなー。」

しげるくん「野球とバスケットボールの両方を見た人は 11 人，サッカーとバスケットボールの両方を見た人は 18 人だったよ。」

たかしくん「バスケットボール を見た人は 42 人 いたね。みんな宿題が なかなか終わらなかったから，3 競技すべてを見ることは難しかったっていう意見が多かったね。」

のりおくん「宿題を 早く終わらせる 必要が ありますね。冬季オリンピックのときは，宿題を早く終わらせて，みんなで応援《おうえん》しましょう。」

(1)　バスケットボールを見ていない生徒は何人か答えなさい。

(2)　野球だけを見た生徒は何人か答えなさい。

(3)　野球とサッカーとバスケットボールのどれも見なかった生徒は何人か答えなさい。

大阪国際中学校

令和４年度　入学試験問題

１次Ａ日程

理　科

（30分）

――――――――受験上の注意――――――――

（１）合図があるまで開いてはいけません。

（２）解答はすべて解答用紙に記入しなさい。
　　解答用紙は問題用紙の中に折《お》り込《こ》んであります。

（３）終わったら解答用紙は裏返して机の上に置きなさい。

（４）問題用紙は持ち帰ってはいけません。もとのように折り、
　　解答用紙とは別にして机の上に置きなさい。

（５）語句を答える場合、教科書に漢字で書かれているものに
　　ついては漢字を用いて答えなさい。

受験番号		名前	

1 じょうぶで重さが無視できる太さが一様な棒（100cm）の両端《りょうはし》をはかりで支え、重さが無視できるひもを使って、おもりを図のようにつるしました。あとの問いに答えなさい。

(1) 図１のように、棒の両端をはかりの上に置き、棒の両端から同じ長さのところに200g のおもりをつるしました。左側のはかりが示す値は何 g ですか。ただし、棒は水平になっているものとします。

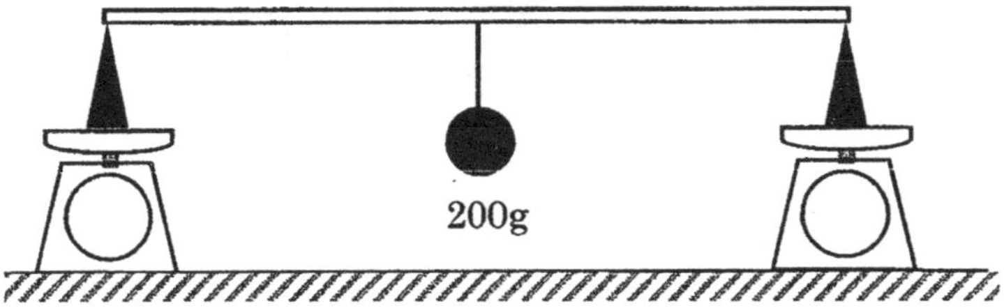

図１

(2) 図２のように、200g のおもりを棒の左端から 40cm のところにつり下げました。このとき、左側のはかりが示す値は何 g ですか。ただし、棒は水平になっているものとします。

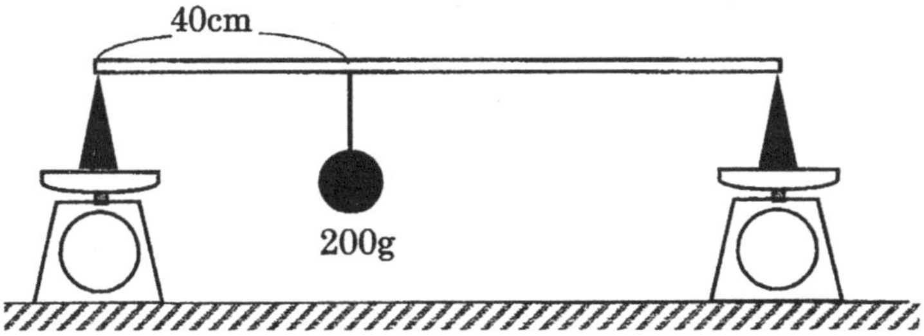

図２

(3) 図２の状態から、おもりを移動させると、左側のはかりが示す値は 140g になりました。このとき、おもりはどちらの方に何 cm 移動させましたか。ただし、棒は水平になっているものとします。

(4) 図３のように、500g と 200g のおもりを棒につり下げました。500g のおもりは左端から 20cm のところに、200g のおもりは右端から 30cm のところにつり下げました。右側のはかりが示す値は何 g ですか。ただし、棒は水平になっているものとします。

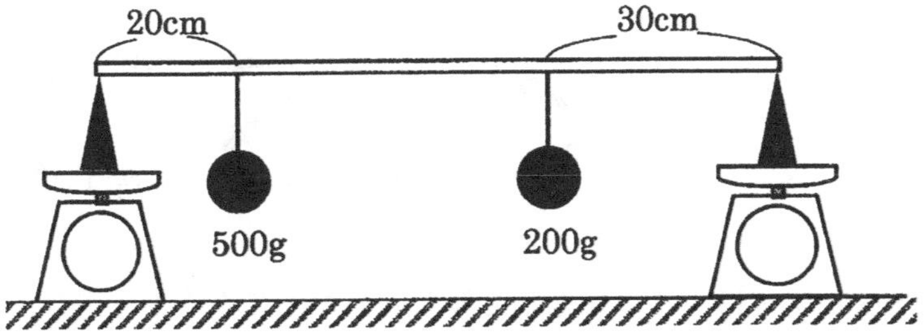

図３

(5) 図３の状態から、500g のおもりだけを右に移動させると、右側のはかりが示す値は 390g になりました。500g のおもりは、図３の状態から右に何 cm 移動させましたか。ただし、棒は水平になっているものとします。

(6) 図３の状態から、200g のおもりの下に、重さの異なるおもり X を図４のようにつり下げたところ、両端のはかりが示す値は等しくなりました。おもり X は何 g ですか。ただし、このとき、棒は水平になっているものとします。

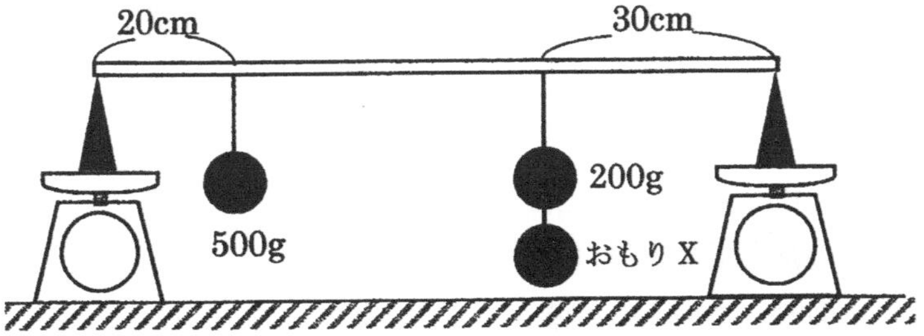

図４

2 レモンの木を植えて育て始めた太郎さんは、ある日、レモンの木の葉をアゲハチョウの幼虫が食べているのを見かけました。また、別の日にはアゲハチョウの幼虫がカマキリに食べられていました。このことから、生物の「食べる・食べられる」という関係に興味をもった太郎さんは、いろいろと調べることにしました。下の図は太郎さんが考えた「食べる・食べられる」というつながりを表したものです。あとの問いに答えなさい。

(1) 図の①～③に当てはまる生物として最も適当なものを次から選び、それぞれ記号で答えなさい。

ア　シイタケ　　イ　クモ　　ウ　ニワトリ　　エ　レモン　　オ　イヌワシ

(2) 次の生物の卵のうち、アゲハチョウの卵より大きい卵を次からすべて選び、記号で答えなさい。

ア　ニワトリ　　イ　ヒキガエル　　ウ　ヒト　　エ　サケ

(3) 図のような、生物の「食べる・食べられる」という鎖《くさり》のようにつながった一連の関係を何といいますか。

(4) もし、図のような関係のときに小鳥だけがいなくなったとすると、カマキリの数はどのように変化すると考えられますか。最も適当なものを次から1つ選び、記号で答えなさい。

ア　まったく変化しない。
イ　ほぼ一定の割合で減り続ける。
ウ　ほぼ一定の割合で増え続ける。
エ　はじめは減るが、やがて増え始める。
オ　はじめは増えるが、やがて減り始める。

(5) レモンの木は土の中から養分を得るほかに、太陽の光を用いて自分で栄養分をつくることができます。この栄養分をつくることを何といいますか。

令和４年度

大阪国際中学校　入学試験　１次Ａ日程　解答用紙（国語）

受験番号

名前

※100点満点

一

問１　a　b

問２

問３

問４

問５

問６　と

問７

問８

問９

問10　が泣くと　が言った。

問１．２点×２
問２．５点
問３．４点
問４．４点
問５．４点
問６．完答２点
問７．５点
問８．２点
問９．３点
問10．完答３点
問11．２点
問12．１点×３
問13．４点

3

(1)	cm²	(2)	cm²
(3)	cm²		

4

(1)	通り	(2)	通り

5

(1)	人	(2)	人
(3)	人		

５点×20　　※100点満点

受験番号	氏名	
		/100

<筆記問題>

5　１点×５

1)

2)

3)

4)

5)

6　１点×５

1)	①	②	③	2)	①	②	③
3)	①	②	③	4)	①	②	③
5)	①	②	③				

7　３点×４

1)	①	②	③	2)	①	②	③
3)	①	②	③	4)	①	②	③

8　２点

※50点満点

受験番号	氏名	/50

3

⑴２点　⑵２点　⑶１点×２　⑷２点　⑸２点　⑹３点

(1)	(2)
(3)　X	Y
(4)　mL	(5)　mL
(6)　%	

4

⑴２点　⑵２点　⑶１点×２　⑷２点　⑸２点×２

(1)　時間　分	
(2)　時　分	
(3)　一番高くなる月　月	一番低くなる月　月
(4)	
(5)　夏至の日	秋分の日

第２問　イラストを参考にしながら、これから流れるそれぞれの質問に対して、答えとして最も適切なものを、①～③の英文から選び、解答用紙の番号に○をつけなさい。質問は２回流れます。メモを取っても構いません。それでは始めます。

Question 1)
Good morning, class. How are you today?

Question 2)
Excuse me, but can I use your pen?

Question 3)
What is your favorite fruit?

Question 4)
How do you spell your name?

第３問　これから流れる対話と質問を聞いて、その答えとして最も適切なものを①～③から選び、解答用紙の番号に○をつけなさい。対話と質問は２回流れます。メモを取っても構いません。それでは始めます。

Question 1)
A: What is the date today?
B: It's April ninth. Yesterday was my birthday!
A: Oh, happy birthday! How old are you now?
B: I am twelve years old.
Question: What is the date today?

Question 2)
Man: John and I are going to the Central Park tomorrow afternoon.
Do you want to come with us?
Woman: Yes, I'd love to! What time will we meet?
Man: Can you come to my house at 1:00 p.m.?
Woman: OK. I will bring my ball.
Question: Where will a man meet a woman tomorrow afternoon?

Question 3)
Eric: What are you going to do this weekend, Akari?
Akari: My family wanted to go camping, but we won't, because it's going to be rainy this weekend.
Eric: Then, what will you do?
Akari: We will visit my grandmother in Kyoto.
Question: What is Akari going to do this weekend?

Question 4)
Girl: Dad, may I go to the bookstore? I want to get a new volume of my favorite comic book.
Dad: Sure, but can you help me bake a cake first?
Girl: All right.
Dad: I will go to the bookstore with you later.
Question: What are they going to do now?

第４問　これから流れる英文と質問を聞いて、その答えとして最も適切なものを①～③から選び、解答用紙の番号に○をつけなさい。英文と質問は２回流れます。メモを取っても構いません。それでは始めます。

Question 1)
Jessy is a student at ABC school in Australia. He is fourteen years old, and he likes sports. He is a member of the netball team. Netball is a popular sport in Australia. He also likes watching soccer games.
Question: What sport does he play?

Question 2)
Maki visited her grandfather in Singapore last summer. She stayed at her grandfather's house. Her grandfather took Maki to many places. They went to a restaurant and enjoyed the food, too.
Question: What did Maki do in Singapore?

以上でリスニング問題を終了します。引き続き筆記問題に取り組んで下さい。

令和４年度　大阪国際中学校　１次Ａ　理科　解答用紙

令和４年　１月15日　※50

受験番号		氏名	

1　２点×７

(1)　g	(2)　g
(3)　に	cm
(4)　g	(5)　cm
(6)　g	

2　(1)１点×３　(2)２点　(3)２点　(4)２点　(5)２点

(1)　①	②	③
(2)	(3)	
(4)	(5)	

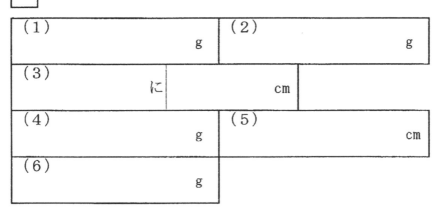

大阪国際中学校　令和４年度入学試験 １次Ａ日程（英語）　解答用紙

令和４年１月15日実施

<リスニング問題>

1　１点×４

1)	①	②	③	2)	①	②	③
3)	①	②	③	4)	①	②	③

2　２点×４

1)	①	②	③	2)	①	②	③
3)	①	②	③	4)	①	②	③

3　２点×４

1)	①	②	③	2)	①	②	③
3)	①	②	③	4)	①	②	③

4　３点×２

1)	①	②	③	2)	①	②	③

大阪国際中学校　令和４年度　１次A　入試　算数（５０分）

令和４年　１月１５日実施

1

(1)		(2)	
(3)		(4)	
(5)		(6)	
(7)			

2

(1)	本	(2)	円
(3)	円	(4)	cm^3
(5)			

問12
Ⅰ
Ⅱ
Ⅲ
問13

二

問1
①
②
③
④
⑤

問2
① 言葉 意味
② 言葉 意味
③ 言葉 意味
④
⑤

問1．1点×5
問2．1点×10

三

(1) A B C
(2) A B C
(3) A B C

2点×9

四

問1
問2 ② ③
問3
問4 a b c d げる e

問1．3点
問2．3点×2
問3．3点
問4．2点×5

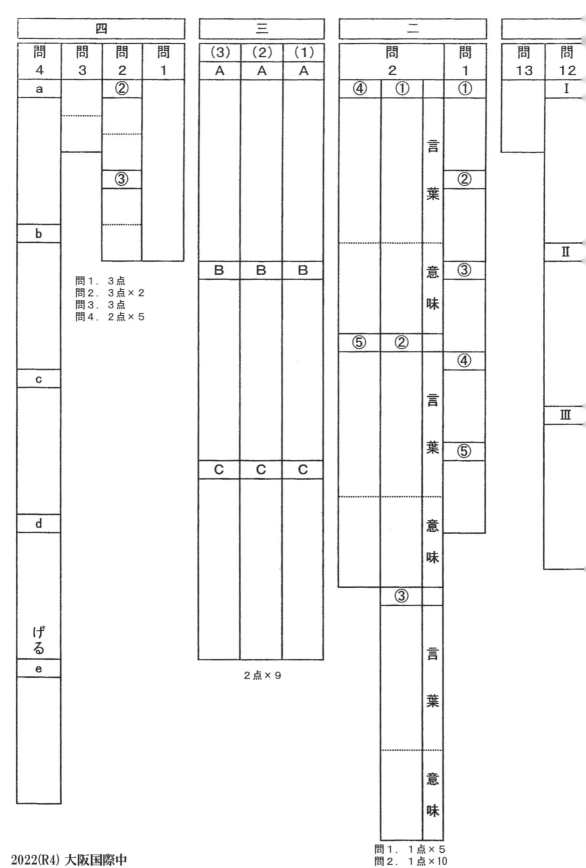

3　石灰石 2.8g に、ある濃度《のうど》の塩酸 A を加えると気体が発生しました。このとき、加えた塩酸 A の体積と発生した気体の体積の関係を調べたところ、表のような結果が得られました。あとの問いに答えなさい。

加えた塩酸 A の体積〔mL〕	10	20	30	40	50	60
発生した気体の体積〔mL〕	X	224	336	448	Y	560

(1) この実験で発生する気体は何か。気体の名称を答えなさい。

(2) (1)で答えた気体と同じ気体が発生する物質の組み合わせとして、正しいものを次から 1 つ選び、記号で答えなさい。

ア　「レバー」と「過酸化水素水」
イ　「スチールウール」と「うすい塩酸」
ウ　「貝殻《かいがら》」と「食塩水」
エ　「卵の殻《から》」と「酢」

(3) 表中 X、Y に入る値を答えなさい。

(4) 石灰石 2.8g を完全に反応させるのに必要な塩酸 A は何 mL ですか。

(5) 実験で用いた石灰石 2.8g を、塩酸 A の 2 倍の濃度《のうど》の塩酸 20mL に加えて反応させたとき、発生する気体の体積は何 mL ですか。

(6) 実験で用いた石灰石は、主成分が炭酸カルシウムという物質で、その他に不純物がいくらかふくまれていることがわかりました。また、実際に塩酸 A と反応しているのは、石灰石にふくまれる炭酸カルシウムだけだということもわかりました。そこで、理科室の炭酸カルシウム 1.0g を用いて、塩酸 A と完全に反応させてみると、気体が 224mL 発生しました。はじめの実験で用いた石灰石 2.8g には不純物が何%ふくまれているといえますか。小数第 2 位を四捨五入し、小数第 1 位までの値で答えなさい。

4　太陽の高さは１日のうち、太陽が真南にきた時に１番高くなり、その高さは季節によって変化します。太陽の季節ごとの高さの変化を調べるために次のような実験を行いました。実験１、実験２について、あとの問いに答えなさい。

実験１

大阪国際中学校のグラウンドの平らな場所に、東西南北の方向に線を引き、その中央に棒を垂直に高さ 100cm になるように置きました。各月の 15 日の太陽が真南にきたときのかげの長さを測定し記録したところ、下の表のような結果が得られました。

表

月	1	2	3	4	5	6	7	8	9	10	11	12
長さ〔cm〕	173	137	110	88	78	74	76	82	100	127	162	185

実験２

実験１と同じように棒を置き、夏至・秋分・冬至の日の日中にできたかげの先を線で結んだところ下の図のA～Cのような結果が得られました。

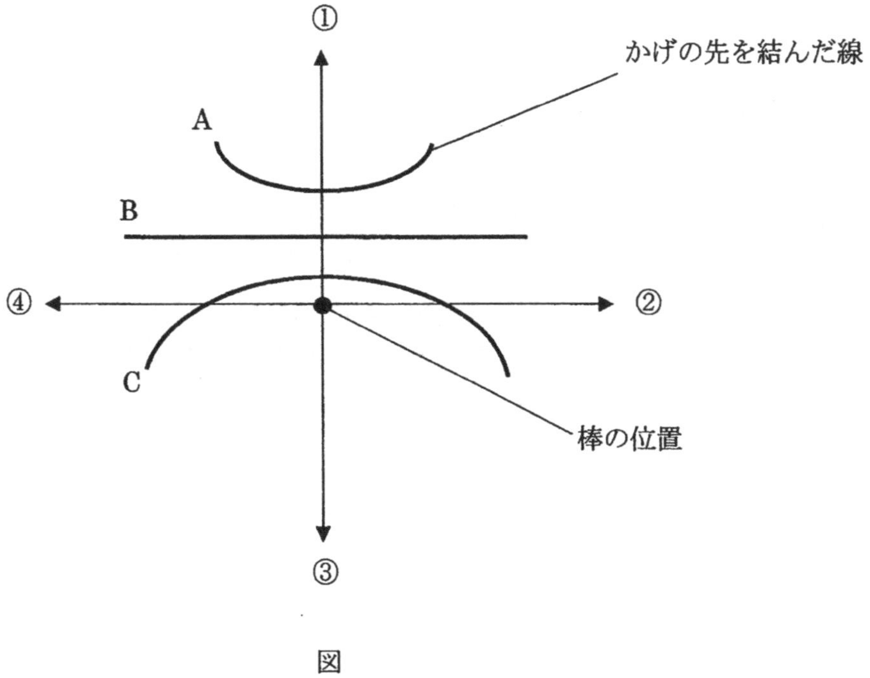

図

(1) ある日の日の出の時刻と、日の入りの時刻を調べてみると、日の出の時刻が 5 時 20 分であり、日の入りの時刻が 18 時 12 分でした。このとき、昼の長さは何時間何分になりますか。

(2) (1)のとき、太陽が真南にくる時刻は何時何分になりますか。24 時制で答えなさい。

(3) 表から太陽の高さが 1 番高くなる月と、1 番低くなる月はそれぞれ何月になると考えられますか。それぞれ答えなさい。

(4) 南の方角を表すのは図の①～④のどれですか。最も適当なものを図から選び、番号で答えなさい。

(5) 夏至の日と秋分の日のかげの動きを表したものは図の A～C のどれですか。最も適当なものを図から選び、それぞれ記号で答えなさい。

以上

令和４年度　大阪国際中学校　入学試験一次Ａ日程（英語）リスニングスクリプト

※音声は収録しておりません

ただ今から、令和４年度大阪国際中学校入学試験一次Ａ英語リスニング問題を始めます。

第１問　これから、それぞれのイラストについて、英語の文が３つ流れます。イラストに合っているものをひとつ選び、解答用紙の番号に○をつけなさい。英語の文は２回流れます。メモを取っても構いません。それでは始めます。

Question 1)

①A girl is listening to music.

②A girl is playing the piano.

③A girl is dancing to the music.

Question 2)

①A boy is washing the dishes.

②A boy is cooking dinner.

③A boy is cleaning the room.

Question 3)

①Three people are playing soccer.

②Four people are playing soccer in the park.

③Three people are watching a soccer game on TV.

Question 4)

①A boy is reading a newspaper with his father.

②A boy is studying science with his father.

③A boy is writing a letter to his father.

【 問い 】

1) What foreign language do students learn at Sydney School?

① English.

② Japanese.

③ History.

2) What do English Club members <u>NOT</u> do with Australian students?

① Email exchange.

② Learning history about Japan.

③ Playing sports.

3) What do English Club members do when students visit Japan from other countries?

① Send emails.

② Visit Kyoto or Nara.

③ Teach history.

4) How long does the English Club have the activity on weekdays?

① 1 hour.

② 3 hours.

③ 2 days.

5) If you have a question, what will you do?

① Talk to Mr. Anderson.

② Go to Room 1102.

③ Talk to Haruka Tanaka.

7 次の英文の内容について、あとに英文の問いがあります。それぞれの問いに対する答えとして最も適切なものを①～③から選び、解答用紙の番号に○をつけなさい。

*Claude Monet

Claude Monet was a great painter. His paintings are very popular all over the world. He made more than 2000 paintings in his life, so you can see his paintings not only at museums and in books about art. But, in many items, such as postcards, *stationery, magnets and umbrellas, people can carry their favorite Monet paintings, too.

Monet was born in 1840 in Paris, France. His family moved to the *port city of Le Havre, France when he was still young. He liked drawing very much. Monet was very good at drawing pictures of people, so he was able to make some money by selling his pictures. He started to go to art school when he was around 11 years old. His mother helped him a lot, but she died in 1857. Monet moved to Paris to study art at a very popular art school.

Monet became friends with several famous artists. They wanted to try a new art style and did not want to do the same classical art that was popular among people in those days. In the early 1860s, artists started painting pictures outside; instead of in their *studios. They painted very quickly because the sun light kept changing. One of Monet's famous paintings is "*Impression: Sunrise." You can see it at Marmottan Monet Museum in Paris.

In 1883, Monet moved to Giverny, France and built a garden with a pond of *water lilies. He painted more than 200 pictures of water lilies in his garden for over 30 years. In all seasons and in all weathers, Monet painted water lilies on the pond. If you go to the National Gallery in London, you can see Monet's paintings of water lilies painted after 1916. He painted the picture during *the First World War. He *probably hoped for *peace in his art works.

注　Claude Monet：クロード・モネ（画家）　stationery：文房具
port：港　studio：アトリエ、仕事場　paint brush：筆
Impression: Sunrise：「印象、日の出」モネの代表的作品のタイトル
water lily：すいれん（植物の名前）　the First World War：第一次世界大戦
probably：おそらく　peace：平和

【 問い 】

1) What pictures was Monet good at drawing when he was young?

① The port city.　② People.　③ Some money.

2) When did Monet start painting pictures outside?

① In 1840.　② In 1857.　③ In the early 1860s.

3) What did Monet do in Giverny?

① Bought a car.　② Built a garden.　③ Fought in the war.

4) Which is true about Monet?

① He painted pictures for many items.

② He did the same classical arts with his friends.

③ He painted a lot of pictures of water lilies for more than 30 years.

8 次のイラストについて、１０語程度の英文で説明をしなさい。なお、英文は解答用紙に書くこと。

問題は以上です。

2022(R4) 大阪国際中
K 教英出版

2022(R4) 大阪国際中
K 教英出版

大阪国際 大和田中学校
令和３年度入学試験問題
１次Ａ日程

国　語

（50分）

―――受験上の注意―――

（１）合図があるまで開いてはいけません。
（２）解答はすべて解答用紙に記入しなさい。
　　解答用紙は問題用紙の中に折り込んであります。
（３）終わったら解答用紙は裏返して机の上に置きなさい。
（４）問題用紙は持ち帰ってはいけません。もとのように折り、解答用紙とは別にして机の上に置きなさい。
（５）字数制限がある問題は、句読点やカッコなども一字に数えます。

受験番号		名前	

2021(R3) 大阪国際大和田中
K 教英出版

一

主人公・山口拓馬（「おれ」）は、学級会をさぼって寝ている間に、市内の他の小学校と行う連合体育大会にハードルの選手として出場することになった。やる気が出ない「おれ」はうそをついて練習を休み、「でくちゃん」が誘ってくれた休日のトレーニングは忘れてすっぽかしてしまった。次の文章はその続きの場面です。これを読んで、あとの問いに答えなさい。

雨は、降ったりやんだりしながら、地面を［A］濡《ぬ》らしつづけた。※でくちゃんとおれがせっかく引いたハードルコースの白線も、泥《どろ》にまみれてぼやけてしまった。おれは秋雨が嫌いになった。ぬかるみだらけの校庭に立ち入り禁止の札が下がると、大会選手は体育館でトレーニングをしはじめた。

体育館での自主トレに、でくちゃんはおれを誘《さそ》わなかった。やる気がないってわかってるやつを、誘わないのは当然だった。①特等席にすわったおれは、体育館の窓を見つめた。四階にある教室からは、なかの様子がよく見えた。もちろん、見ていただけじゃあなくて、一度はそこに行きかけた。体育館用シューズを持って、渡り廊下《ろうか》のところまで。でも、誘われないのに［B］行くのもなんだかへんだと思って、やめた。いや、正直にいうと、でくちゃんに会う勇気がなかっただけなんだけど。

なにもすることがなくなった。

それで、選手になる前みたいに、休み時間のあいだじゅう、べったり机に張りついていた。

「選手のくせに、サボってますわよ」

火曜の昼に、※木崎がいった。

「あのかた、ほんとに困りますわね。クラスの代表、失格ですわ」

あのかたって、それ、おれのことかよ。

うつむいたまま、おれは思った。まだ給食が終わったばかりで、教室はがやがやにぎやかだった。だけど、おれには木崎の声が、ほかの声よりでかく聞こえた。どう考えても、おれに向かっていっているとしか思えなかった。

「よしなよ、木崎。聞こえるよ」

続いて※谷田部の声がした。

「聞こえるように、いってんだもん」

木崎はげらげら笑って、いった。頭にきたので、おれはおもいきりイスを蹴とばして、すっくと立った。当たり前だけど、おれは、あくまでも木崎に用があったんだ。なのに、どうして※原田の顔が、おれの目の前にあるんだろう？おれは鬼みたいに真っ赤になって、肩をいからせて立っていた。そのうえ手には、どういうわけだかリコーダーまで握《にぎ》ってた。原田は、とつぜんのできごとに、びくっとなって動きを止めた。たまたまなにかの用事があって、そこにいたような感じに見えた。

「そうじゃなくって」

おれは、慌《あわ》ててリコーダーを引っこめた。

「じゃなくて、あ、き、木崎のやつが」

②しどろもどろになってしまった。原田は泣いたりしなかったけど、泣きそうな顔でおれをにらんだ。それから自分の席に向かって、たかたか走って逃げてった。

「夫婦ゲンカだ」

いちばん前の席から、木崎がひやかした。

「なんだよ、おまえら、できてんのぅ？」

教室じゅうが、ざわめいた。なんで③そういう話になるのか、おれには、さっぱりわからなかった。

「うるせえ、ばーか」

原田さゆりが、すごい剣幕で木崎にいった。

なんだか、どっと気が抜けた。

しおれた気分で塾に行ったら、こないだやったテストの結果がロビーに貼《は》りだされていた。山口拓馬は、塾のなかでは、半分よりも後ろの成績。谷田部のほうは、初登場でしっかり上位に入ってた。

「※消しゴムのおかげ。助かった」

教室にきた谷田部がいった。

「けっこう、やるね」

ほめてやったら、谷田部は本気で照れていた。

「おれって、隠れガリ勉だから。ていうか、木崎が④そういう話、好きじゃないからしないんだけど、家庭教師もつけてるし」

「ふぅん。じゃ私立受験するんだ？」

「うん、迷ってたけど、することにした。堀先生が勧《すす》めてくれて――みんなには、まだ内緒《ないしょ》だよ」

そういいながら、谷田部は、おれの隣《となり》の席に腰《こし》かけた。次の授業がはじまるまでには、まだ少しだけ時間があった。

「きょうは、ごめんね」

筆記用具の準備をしながら、谷田部はいった。

「え、なんのこと？」

なんのことだかわかっていたけど、おれはとぼけた。

「木崎の話」

「ああ、あれだったら、別にいいんだ。気にしない」

「だけど木崎は気にしてる。山口のこと、好きじゃないんだ」

「みたいだね。でも、なんでだろ」

おれは、すかさず聞いてみた。木崎のことは、谷田部に聞くのがいちばんいいって思ったからだ。

そしたら谷田部は、こういった。

「だって、なんでもできるから」

「は？」

「山口、なんでもできるから。クラスじゃそんなに目立ってないけど、勉強だってかなりできるし、スポーツだって得意でしょ？　それで、木崎が悪口いってた。あいつ、人よりできると思って、手抜きばっかりしてるって。それが目障《めざわ》りなんだって。ほら、二学期の席替えのあと、山口、いちばん後ろの席で、毎日、気持ちよさそうにこっくりこっくりしてたじゃない？　たぶん、そのころからなんだ。クラスにむかつくやつがいるって、木崎がとつぜんいいだして、山口のことマークして――選手に推薦《すいせん》するときだって、そんなようなこといってたよ。どうせまじめにやりゃしないから、⑤インネンつけて楽しもう、とか。あいつの根性叩《たた》きなおして、まともな男にしてやろう、とか。要するに期待してるんだよね。山口が練習サボること」

「そんなの、余計なお世話じゃん」

カチンときたので、思わずいった。カチンときたのは、いわれたことに心当たりがあったから。
「ほんと、ごめんね」
谷田部は、すごくすまなそうに頭を下げた。
「なんで谷田部が、謝るの」
「だって、おれ、木崎の味方してたし。それに、わかんなくもないんだよ。そうしたくなる木崎の気持ち」
「どういうふうに、わかるわけ？」
「たぶん木崎は、山口のことが気にくわないとかいうよりも、ねたんでるんじゃないのかな。あ、木崎は、そうはいわないよ。あいつ、プライド高いから。他人のことをうらやましいとか思うの、嫌いなやつだから。でも、側で見てるとわかるんだ。これ、いっちゃいけないことだけど、山口と違って、木崎って、やってもできないやつなんだ。近ごろはもう授業にだってぜんぜんついていけないし、あの足のせいで、体育の時間もほとんど見学しちゃってる」
「かわいそうなやつだってこと？」
「そういうところも、少しある」
「でも、そんなの、おれのせいじゃあないし、谷田部のせいでもないんだぜ」
「そうなんだよね。後から、おれも、どっちが悪いか気がついた。だから……」
と、谷田部がいったところで、教室のドアが、がらっと開いた。⑥島本だった。おれたちはすぐにノートを開いて、黒板を見た。
「……だからきょうも、おれ、いったんだ。くだらないことやめようぜって。そしたら、木崎にどつかれた。あいつって、まじでキレてんだ」
前を見たまま、［C］と、こもった声で谷田部はいった。前を見たまま、山口拓馬はなんとも返事をしなかった。
会話は、それきり続かなかった。でも、もうそれで十分だった。カチンときたのはともかくとして、谷田部の話を聞いたおかげで、⑦いままでずっとわからなかったわけがわかって、すっとした。
おれは授業を真剣に聞いているようなふりをしながら、にいっと笑った木崎の顔をノートの隅《すみ》に描いてみた。その似顔絵が、思ったよりも上手に、みにくく描けたので、おれも木崎に負けないように前歯をむいて、にいっとやった。
チョークを握った島本が、気味悪そうにおれを見た。

「どうした、山口」
「いや、別に」
にいっとしたまま、おれは答えた。

もやもやとした気分が晴れたら、三日続いた雨も上がった。水曜の朝、空はどこまでもスカッと青く、澄《す》んでいた。

ところで、⑧木崎の期待のほうは、ばっちり裏切ることにした。おれは久々に早起きをして、親をびっくりさせたあと、背中のリュックを［D］鳴らして、小学校まで走っていった。こういう場合は、ジャージーで行くのが正解なんだと思って、そうした。校庭は少し湿《しめ》っていたけど、使えないほどひどくはなかった。

「用具置き場のカギください！」

職員室で、おれは叫んだ。日誌を見ていた堀先生が、驚いた顔でこっちを向いた。

「ど、どうしちゃったの。山口くん」
「どうもしません。カギください」

それで話は、一応通じた。堀先生にカギをもらうと、おれは校庭に出ていって、コースの線を直しはじめた。そのときはまだ、おれのほかには選手はだれもきていなかった。おれはコースを直しおえると、ひとりで準備体操をして、トラックの上をぐるぐる回って、足の筋肉をあたためた。

七時半過ぎ。選手の姿が、ようやくちらほら見えてきた。肌寒かった外の空気も、日射しを浴びて温《ぬく》もった。でくちゃんは、ほかの選手のひとりと話をしながら、やってきた。おれがすっかり並べおわったハードルの横にいるのを見ると、「あれ？」というような表情をして、斜《なな》めに首を傾けた。

「遅いぜ、でくちゃん」

⑨それだけいうと、おれはスタートラインのところへ行って、でくちゃんがなにかいいかけたのを無視するみたいに、走りはじめた。ダッシュはかけずに、ゆっくりと。全部じゃなくて、途中《とちゅう》まで。なにしてるって、教えてるんだ。これまでのことを謝るかわりに、おれは今から、でくちゃんに大事なことをいうつもり。

「今の、見た？」

足を止めると、おれはでくちゃんにそう聞いた。

「え？」
ぼんやりしていたでくちゃんは、ふたつの目玉をパチクリさせた。
「フォームの話をしてるんだってば」
そういいながら、もう一度、おれはスタートラインに立って、コースの脇を指さした。
「そしたら今度は、よく見てて。そっちじゃなくて、あのへんで。そう、ハードルの横のとこ。そこから、おれのすること見てて。振《ふ》り上げた足と、抜《ぬ》き足と、体の向きが、どうなってるか。それからついでに、踏《ふ》み切りの位置と、着地の位置にも注目してて」
うん、とでくちゃんがうなずく前に、おれはスタートを切っていた。走る――踏み切る――バーすれすれに足を振り上げて、素早く着地。そのまま三歩のリズムに乗って、走る――踏み切る――素早く着地。
たたん。と地面を軽く鳴らすと、コースをそれて、おれは止まった。
「わかった？」
「うん、まぁなんとなく。山口、やっぱり、上手だね」
でくちゃんは、さも感心したって顔つきになって、そういった。
「踏み切る位置は、ハードルよりもかなり手前でいいんだよ」
「うん」
「その反対に、着地のときは、ハードルを越してすぐのとこ。遠くで踏み切り、近くで着地。そのこと頭に入れとくだけでも、フォームが違ってくるはずなんだ。自然と腰が低くなるから、ぴょんぴょん跳《は》ねなくなってくる」
「うん」
「じゃ、でくちゃん、やってみて。今度はおれが見てるから。ゆっくり走っていいからさ」
「わかった。ゆっくりやってみる」
でくちゃんは体を[E]揺らして、スタートラインのところへ行った。それから、あわてて、解けかけていたシューズのひもに手をやった。
「山口」
「ん？」

「ひとつ聞いていい？」

そういわれて、おれはちょっと構えた。堀先生とおんなじことを聞かれるのかな、と思ったからだ。でも、でくちゃんの質問は、予想したのと、まるで違った。シューズのひもを結びおえると、でくちゃんは、おれにこういった。

「あの、低血圧、治ったの？」

……なんていうかその、でくちゃんは、呆《あき》れてものがいえないくらい人がよすぎるやつなんだ。

（笹生陽子『きのう、火星に行った。』より）

※でくちゃん…主人公と同じ小学校に通う同級生。体格が大きくぬぼーっとしているので、動きがのんびりして見える。あだ名は「でくの坊」の「でく」からきている。

※木崎　…主人公のクラスメイト。主人公を敵視している。小さいころの事故で足が悪い。

※谷田部…主人公のクラスメイト。よく木崎といっしょにいる。

※原田　…主人公のクラスメイト。美人でいつも元気なクラスの女王。気は強いが、主人公は一度泣かせてしまったことがある。

※消しゴムのおかげ…塾のテスト中に消しゴムをなくした谷田部に、主人公が消しゴムを貸した件。

※堀先生…主人公たちの担任。

問1　空らん A ～ E に入る語としてもっとも適切なものを、それぞれあとのア～オより一つ選び、記号で答えなさい。

ア　がちゃがちゃ　　イ　ゆさゆさ　　ウ　ぐずぐず　　エ　もごもご　　オ　のこのこ

問2　傍線部①「特等席」は教室のどこの席ですか。十五字以内で説明しなさい。

問3　傍線部②「しどろもどろになってしまった」とありますが、このときの「おれ」の様子の説明としてもっとも適切なものを、あとのア～オより一つ選び、記号で答えなさい。
ア　目の前に原田の顔があったので、真っ赤になり照れてしまっている。
イ　自分がリコーダーを握っていた理由を忘れてしまいあせっている。
ウ　予想外の展開にあわててしまい、うまく説明できなくなっている。
エ　木崎の行動に対してあまりにも頭にきて、冷静さを失っている。
オ　自分の思いと周りの反応のなにもかもがちぐはぐで、嫌になっている。

問4　傍線部③、④「そういう話」とありますが、それぞれどういう話ですか。③は二十字以内で、④は八字以内で説明しなさい。

問5　傍線部⑤「インネンつけて楽しもう」とありますが、「木崎」が「インネン」をつけているところを、本文中から二か所抜き出し、その最初の五字をそれぞれ答えなさい。

問6　傍線部⑥「島本だった」とありますが、この「島本」はどのような人物ですか。正しいものを、あとのア～オより一つ選び、記号で答えなさい。
ア　学校の友人　　イ　塾の友人　　ウ　家庭教師　　エ　学校の先生　　オ　塾の先生

問7　傍線部⑦「いままでずっとわからなかったわけがわかって、すっとした」とありますが、「いままでずっとわからなかったわけ」とは何ですか。それを説明した次の文の空らんに入ることばを、五十字以内で答えなさい。
・木崎が「おれ」にからんできたのは、（　　　　　　　）からだ。

問8　傍線部⑧「木崎の期待のほうは、ばっちり裏切ることにした」とありますが、「木崎の期待」とはどのようなものですか。本文中から十字で抜き出しなさい。

問9　傍線部⑨「それだけいうと～走りはじめた」について、次の問いに答えなさい。

(1)「おれはスタートラインのところへ行って、～走りはじめた」とありますが、「おれ」がとつぜん「走りはじめた」理由の説明としてもっとも適切なものを、あとのア～オより一つ選び、記号で答えなさい。

ア　休日のトレーニングを忘れてすっぽかした謝罪のかわりに、運動が苦手なでくちゃんが速く走れるようフォームなどを教えるため。

イ　運動が得意ではないでくちゃんが少しでもうまく走ることができるように、すべての基本であるフォームや踏み切りなどを見せるため。

ウ　木崎への仕返しのためには自分がサボることなく練習するだけでは足りないと思い、運動が得意ではない人を教える熱心さを表すため。

エ　今までサボり続けてきた自分の行動をあらためて熱心に練習するためと、チームメイトであるでくちゃんに走り方を教えるため。

オ　やる気のない自分を疑わずにいてくれたでくちゃんへの謝罪と感謝として、近くで踏み切り遠くに着地するのが大事だと教えるため。

(2)「でくちゃんがなにかいいかけた」とありますが、「でくちゃん」は何を言おうとしたのですか。答えなさい。

二　次の四字熟語についての問題に答えなさい。

問1　次の空らんに漢字一字を入れ、四字熟語を完成させなさい。

①　一□一憂　②　意□投合　③　□想天外　④　心□一転　⑤　大□晩成

問2　次の①～⑤の四字熟語の意味を、それぞれあとのア～キより一つ選び、記号で答えなさい。

①　当意即妙《そくみょう》　②　泰然自若《たいぜんじじゃく》　③　流言飛語　④　一蓮托生《いちれんたくしょう》　⑤　枝葉末節

ア　他の人と行動や運命を共にすること
イ　ものごとに動じず、落ち着きはらっている様子
ウ　ものごとの中心から外れている、細かくてどうでもいい部分のこと
エ　その場の状況に合わせて、すばやく適切な対応をとること
オ　思いついたそのときに実行するのがもっとも良いということ
カ　世間で言いふらされている根拠のない無責任なうわさ
キ　満足していて、ほこらしげな様子

三　次の各文の言葉どうしの関係を図のように整理すると、[A]～[C]に入る言葉はどれになりますか。例を参考にして答えなさい。

（例）わたしには　二人の　少年の　会話が　とても　はっきりと　聞こえた　。

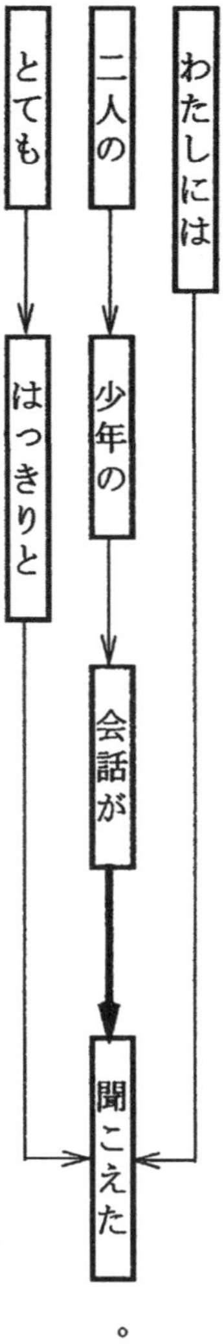

(1) 太陽系の　歴史の　なかで　奇跡的に　誕生した　生命は　地球にだけ　存在する　。

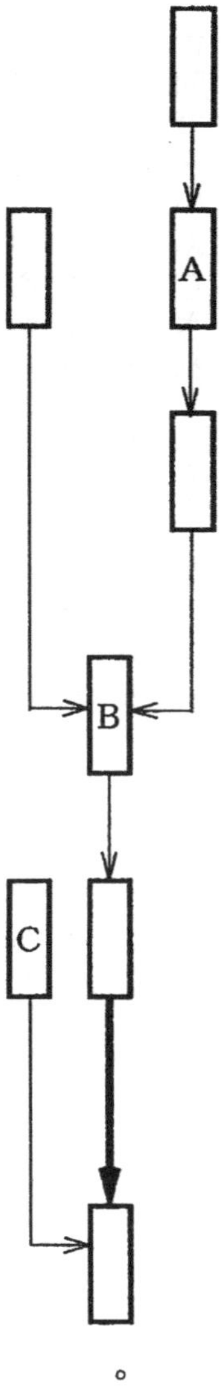

(2) やわらかな　雨が　しとしと　降る　静かな　日に　どこからか　ピアノの　音色が　響く　。

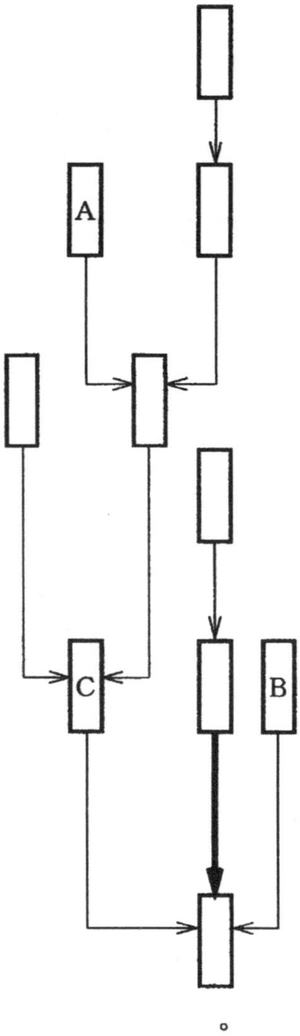

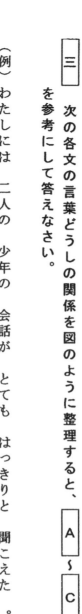

(3) ようやく　ひどい　対立が　終わった　地域の　緑が　こい　森の　奥で　赤土で　描かれた　古代の
不思議な　絵が　発見された　。

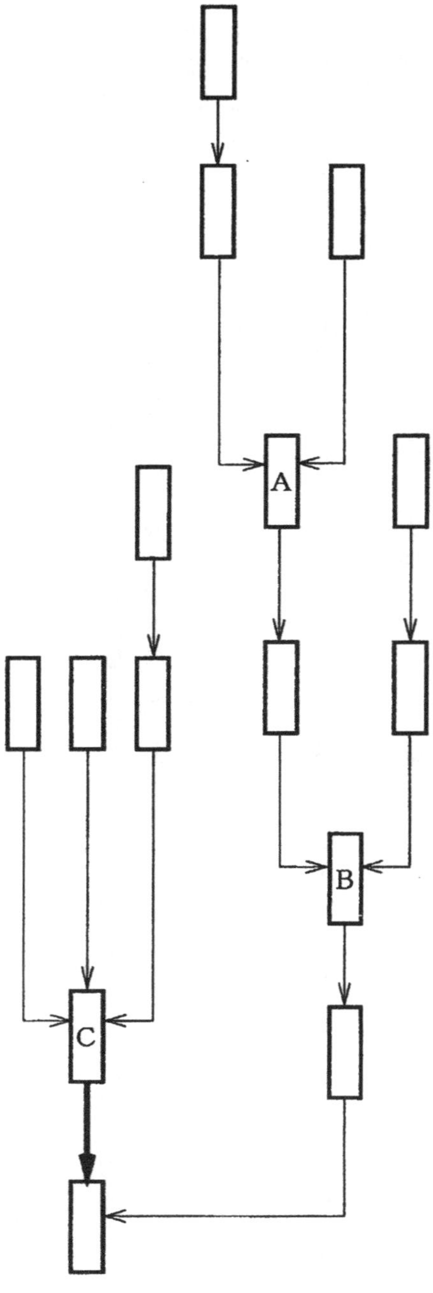

。

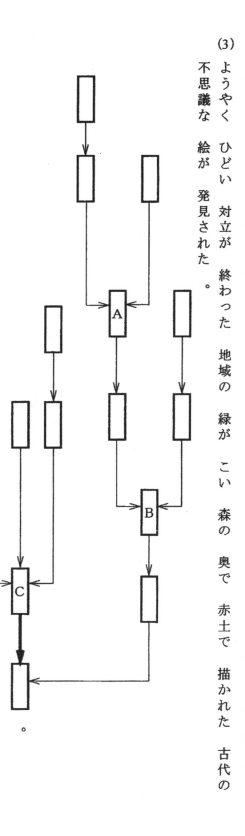

四　次の文章を読んで、あとの問いに答えなさい。

（2019.12.3「天声人語」より）

問１　傍線部①「イロハのイ」とありますが、これは慣用句の一つです。これについて次の問いに答えなさい。

(1)「イロハのイ」の意味としてもっとも適切なものを、あとのア～オより一つ選び、記号で答えなさい。

ア　初歩的なこと　　イ　おおざっぱなこと　　ウ　むずかしいこと
エ　簡単なこと　　オ　事細かなこと

(2)　次の①～⑤の空らんに漢字一字を入れ、慣用句を完成させなさい。また、それぞれの意味を、あとのア～キより一つ選び、記号で答えなさい。

①　呼び□になる　　②　口□を切る　　③　脚□を浴びる
④　道□を食う　　⑤　明□を分ける

〔意味〕
ア　ある物事を引き起こすきっかけになる
イ　二つの反対のものが、はっきりと分けられる
ウ　親の地位や名声によって、その子どもが目立って見える
エ　一番先に行動し、きっかけを作る
オ　世間の注目を集める
カ　遠回りでも確実な道を通る方が結局は早く目的地につける
キ　物事のとちゅうで別のことをして、時間をとられてしまう

問２　傍線部②「どんな言葉であれ、かつ消えかつ結びて、久しくとどまりたるためしなし」とありますが、これと似た内容を表す語句を、本文中から七字で抜き出しなさい。

問３　二重傍線部ａ～ｅのカタカナを漢字に直しなさい。

大阪国際 大和田中学校
令和３年度入学試験問題
１次Ａ日程

英　語

（30分）

―――受験上の注意―――

（１）合図があるまで開いてはいけません。
（２）問題は[1]～[8]まであります。
（３）[1]～[4]はリスニング問題です。
（４）解答はすべて解答用紙に記入しなさい。
　　解答用紙は問題用紙の中に折り込んであります。
（５）終わったら解答用紙は裏返して机の上に置きなさい。
（６）問題用紙は持ち帰ってはいけません。もとのように折り、
　　解答用紙とは別にして机の上に置きなさい。

受験番号		名前	

<リスニング問題>　　※音声は収録しておりません

1　これから、それぞれのイラストについて、英語の文が3つ流れます。イラストに合っているものを一つ選び、解答用紙の番号に○をつけなさい。英語の文は2回流れます。メモを取ってもかまいません。

1)

2)

3)

4)

2 イラストを参考にしながら、これから流れるそれぞれの質問に対して、答えとして最も適当なものを①～③の英文から選び、解答用紙の番号に○をつけなさい。質問は２回流れます。メモを取ってもかまいません。

1)
① It’s a fine day.
② It’s Monday.
③ It’s January 12th.

2)
① In the zoo.
② It’s a big, gray animal.
③ E-l-e-p-h-a-n-t.

3)
① It’s just in front of the station.
② I went there yesterday.
③ It’s in Japan.

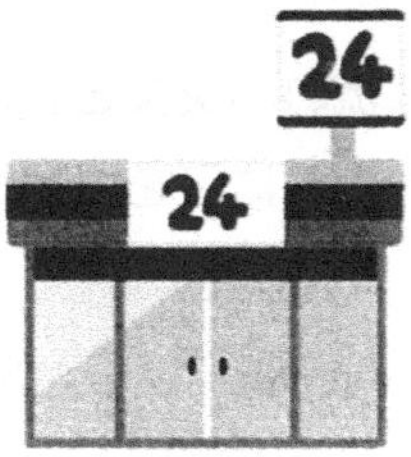

4)
① A single room, please.
② Two nights, please.
③ Just two of us.

3　これから流れる対話と質問を聞いて、その答えとして最も適切なものを①～③から選び、解答用紙の番号に○をつけなさい。対話と質問は２回流れます。メモを取ってもかまいません。

1）① America.　② England.　③ Spain.

2）① USJ.　② Camping.　③ Their summer vacation.

3）① About 2 hours.　② About 4 hours.　③ About 6 hours.

4）① She is moving to Sapporo.
② Her friend is leaving next month.
③ She can't go to the party.

4　これから流れる英文と質問を聞いて、その答えとして最も適切なものを、①～③から選び、解答用紙の番号に○をつけなさい。対話と質問は２回流れます。メモを取ってもかまいません。

1）① To the gym.　② To the music room.　③ To the school concert hall.

2）① Play in a boxing game.
② Start studying Thai.
③ Visit Thailand.

＜筆記問題＞

5 次のそれぞれの英文の（　　　　）に入る適当な単語を解答用紙に答えなさい。なお、数字については算用数字ではなく、英語で答えること。

1）There are (　　　　　　) months in the year.

2）Schools start in (　　　　　　) in Japan.

3）You get on the (　　　　　　) at the station.

4）I bought a red bag for my mother.　Red is her favorite (　　　　　　).

5）You use a (　　　　　　) when you take pictures.

6 次のウェブサイトについて、あとに英文の問いがあります。それぞれの問いに対する答えとして最も適切なものを①～③から選び、解答用紙の番号に○をつけなさい。

Johnny's Wildlife Center

Do you like animals?
There are many animals in our center. You can learn a lot about them.
You'll have a great time in Johnny's Wildlife Center!

◆ Open Hours

Tuesday to Friday	10:00 a.m. to 4:00 p.m.
Saturday & Sunday	9:00 a.m. to 5:00 p.m.
Monday	Not open

◆ Admission Fees

Adults (16~)	¥2,000
Children (3~15)	¥1,200
Children (0~3)	Free

◆ Special Displays

December	Japanese Birds
January	Fish in Rivers
February	Animals in Forests

◆ Membership

A membership fee is ¥8,000 for a year. You can enjoy our center for free in the year. In your birthday month, we'll give you a special present!

	直方体	立方体	三角すい
面の数			
辺の数			
頂点の数			

(4) 下の図は，直角三角形 ABC の中に直角三角形 ACD がある。CD の長さを答えなさい。

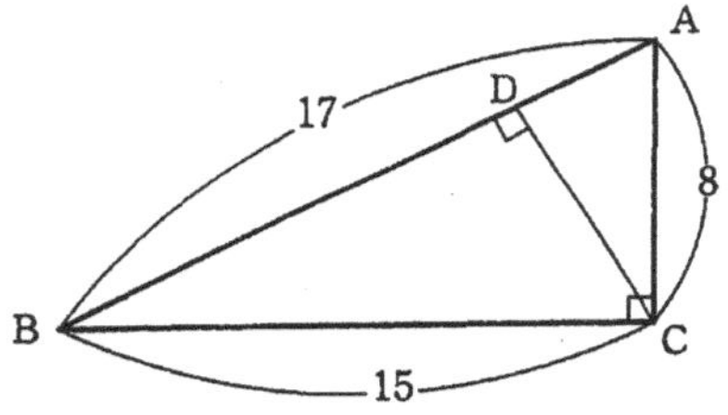

(5) 1 円玉と 5 円玉と 10 円玉が合わせて 93 枚ある。それぞれの合計金額の比が 3 : 6 : 20 のとき，5 円玉の枚数を答えなさい。

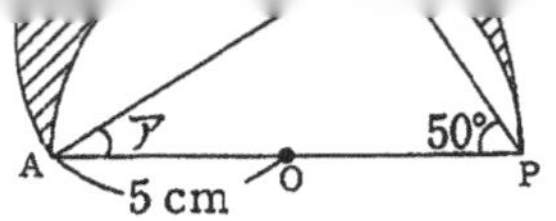

図 2

5 たかし君は自宅から P 駅まで自転車で向かい，P 駅から電車に乗り，次の停車駅である Q 駅で電車を降りる。そして 3 分後に Q 駅から発車する電車に乗り，Q 駅の次の停車駅である R 駅で電車を降り，歩いて水族館へ行く。このとき，次の問いに答えなさい。ただし，自転車や電車，徒歩の速さは，それぞれの区間内において，一定であるとする。

(1) 自宅から P 駅までは 3.6 km あり，自宅から 15 分で P 駅に着く。自転車の速さは時速何 km か答えなさい。

(2) 電車の速さは時速 90 km で，P 駅から R 駅まで 31 分かかった。P 駅と R 駅の間の道のりは何 km か答えなさい。

(3) たかし君は午後 2 時に，水族館でしげる君と会う約束をしていた。R 駅から水族館までの道のりは 3.3 km である。
たかし君が R 駅に着いたときの時刻は午後 1 時 55 分であり，たかし君は R 駅から分速 120 m で歩いて水族館に向かった。
しげる君は，午後 2 時より前には水族館に着いており，午後 2 時 10 分まで待ったが，たかし君が来ないので，R 駅に向かって分速 130 m で歩いて，たかし君をむかえに行くことにした。
たかし君としげる君は午後何時何分に出会うことができるか答えなさい。

Question 3)

A: Frank, where are you going?

B: I am going to the park to practice soccer with my friends, Mom.

A: All right, but you should be back home by 6:00 o'clock.

B: O.K.　It's 4 o'clock now.　That is enough time to practice.

Question: How long is Frank going to practice soccer?

Question 4)

A: Tomomi will move to Sapporo next month.

B: I know.　I am so sad.　She is my best friend.

A: Let's have a party for her before she leaves.

B: That's a good idea.

Question: Why is the girl sad?

第４問　これから流れる英文と質問を聞いて、その答えとして最も適切なものを①～③から選び、解答用紙の番号に○をつけなさい。対話と質問は２回流れます。メモを取っても構いません。それでは始めます。

Question 1)

Good afternoon, students.　Please remember to go to the school concert hall after lunch today.　There will be a special concert by Jim Smith, our music teacher.　He will answer some questions after his concert.

Question: Where should the students go after lunch?

Question 2)

I'm going to visit Bangkok this summer.　It's the capital of Thailand.　The city has many old and interesting places to see.　Bangkok also has several boxing stadiums.　I want to watch a game there.

Question: What will the woman do this summer?

以上でリスニング問題を終了します。引き続き筆記問題に取り組んで下さい。

第２問　イラストを参考にしながら、これから流れるそれぞれの質問に対して、答えとして最も適当なものを、①～③の英文から選び、解答用紙の番号に○をつけなさい。質問は２回流れます。メモを取っても構いません。それでは始めます。

Question 1)
Hello, class.　What day is it today?

Question 2)
How do you spell “elephant”?

Question 3)
Excuse me, but where is the nearest convenience store?

Question 4)
Hello.　Thank you for choosing us.　How long are you staying with us?

第３問　これから流れる対話と質問を聞いて、その答えとして最も適切なものを①～③から選び、解答用紙の番号に○をつけなさい。対話と質問は２回流れます。メモを取っても構いません。それでは始めます。

Question 1)
A: Are you from America, Maria?
B: No, I’m from Spain.
A; You speak English very well.
B: Thank you.　I studied in England for a year.
Question: Where is Maria from?

Question 2)
A: Did you have a good vacation, Tom?
B: Yes, Cathy.　I went to USJ with my friends.
A: That’s good.　My family went camping at Lake Biwa.
B: Very nice.　We had a wonderful summer.
Question: What are they talking about?

令和３年度　　大阪国際大和田中学校　１次Ａ入試　算数（50分）　　令和３年１月16日　実施　　問題用紙

1 次の計算をしなさい。

(1) $2468+13579$

(2) $23184 \div 23$

(3) $4+2\times4+8\div(6-2)\div2$

(4) 3.6×10.4

(5) $100\times1.1+25\times4\times2.9-480\times2\div4.8$

(6) $\frac{1}{3\times4}+\frac{1}{4\times5}+\frac{1}{5\times6}+\frac{1}{6\times7}$

(7) $4\times\frac{19}{12}-\frac{7}{2}\times(0.4\times2-0.2)\div\frac{18}{5}$

2 次の問いに答えなさい。

(1) 修学旅行のおみやげに，キーホルダー３個買うと 630 円かかり，キーホルダー２個とクッキー３箱買うと 1980 円かかる。クッキー１箱の値段を答えなさい。

(2) 大阪府で最も高い山は大和葛城山《やまとかつらぎさん》であり，この山の標高を 960 m とする。地上から 100 m 上がるごとに 0.6 ℃ 気温が下がるとすると，地上が 30 ℃ のとき，大和葛城山の山頂の気温は何 ℃ であるか。小数第２位を四捨五入して答えなさい。ただし，地上の標高は 0 m とする。

3 下の図のように，数字の入った正三角形のタイルを規則的に並べ，①から順に番号を付ける。このとき，次の問いに答えなさい。

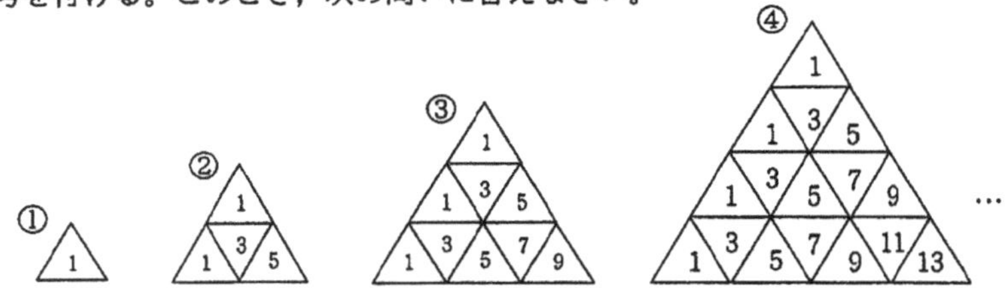

(1) ⑤のタイルの中で最も大きな数字は何か答えなさい。

(2) 77のタイルが３枚使われているのは何番か。番号で答えなさい。

4 右の図１のように，点Ｏを中心とする半径５cmの半円がある。
このとき，次の問いに答えなさい。
ただし，円周率は3.14とする。

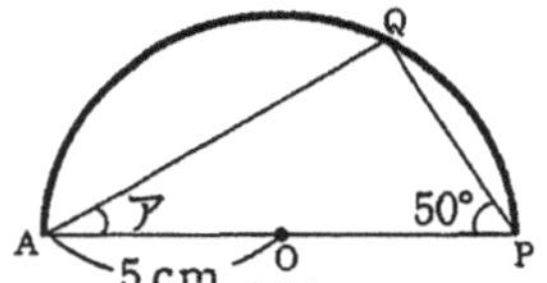

図１

(1) 図１の太線の長さを答えなさい。

(2) アの角度を答えなさい。

(3) 図１の半円を，点Ａを中心に，直線APが直線AQと重なるように反時計回りに回転したとき，図２のようになった。図２のしゃ線部分の面積を答えなさい。

【 問い 】

) How long is the center open on weekends?

① 4 hours. ② 6 hours. ③ 8 hours.

) A group of two adults and three children will go in the center. All the children are six years old. How much is the admission fee in total?

① ¥4,000. ② ¥5,200. ③ ¥7,600.

3) You like birds very much. When should you go to the center?

① In December. ② In January. ③ In February.

4) How much is it to join the membership?

① ¥2,000. ② ¥8,000. ③ Free.

5) What can you get if you are in the membership?

① A 20% off coupon. ② A special present. ③ A family ticket.

7 次の手紙について、あとに英文の問いがあります。それぞれの問いに対する答えとして最も適切なものを①～③から選び、解答用紙の番号に○をつけなさい。

Dear Emma,

How are you? How is Japan? It is very cold in New York. But don't worry about me. I am doing well here. My new friends and host family are very kind to me. Now, I have many things to tell you.

In October, my friends and I had a Halloween party. Everyone put on a costume and ate lots of pizza together. I wore a *Harry Potter costume. We made a *Jack-o'-lantern from a pumpkin. I made a face on it with a knife for the first time. It was really fun.

One month later, we had *Thanksgiving Day. My host family and I spent a lot of time together. One of their sons also came to visit us from California. In the United States, many people go back to their parents' house during the holidays. They asked me about my family, but it was difficult to answer it. Everyone loves their family. I come to think about my family in Japan.

The next day was very special. It was called *Black Friday. I have heard of it from you, but I was very surprised. On that day, many stores open early in the morning and give us a big sale. So, I went to the shopping center around 7 o'clock with my host mother and got new gloves for myself. I was so happy. People usually buy Christmas presents for their family on Black Friday. I bought several presents for you and for my family. I'll send them with this letter. I hope you and my family will like them.

Finally, I want to say "Thank you" to you. Thanks to your good advice, I can enjoy my life in New York more. And I guess my family have a good time with you since you became a member of my family as an exchange student. It's getting cold, so please take care of yourself, and I wish you a Merry Christmas!

Love,
Chie

注 Harry Potter：ハリー・ポッター　Jack-o'-lantern：カボチャちょうちん
Thanksgiving Day：サンクスギビング・デー（感謝祭）

【 問い 】

) What did Chie make a Jack-o'-lantern's face with?

① A pumpkin. ② A knife. ③ A costume.

) When did Chie and her host family have Thanksgiving Day?

① In October. ② In November. ③ In December.

) Chie met one of her host family's sons on Thanksgiving Day. Where does he live?

① In New York. ② In Japan. ③ In California.

) Which is true about Emma?

① She stays in Japan with her family.

② She heard about Black Friday from Chie before.

③ She gave Chie some advice about life in New York.

8 次のイラストについて、１０語程度の英文で説明をしなさい。なお、英文は解答用紙に書くこと。

問題は以上です。

大阪国際 大和田中学校

令和３年度 入学試験問題

１次Ａ日程

理 科

（30分）

―受験上の注意―

（１）合図があるまで開いてはいけません。

（２）解答はすべて解答用紙に記入しなさい。
　　　解答用紙は問題用紙の中に折《お》り込《こ》んであります。

（３）終わったら解答用紙は裏返して机の上に置きなさい。

（４）問題用紙は持ち帰ってはいけません。もとのように折り、
　　　解答用紙とは別にして机の上に置きなさい。

（５）語句を答える場合、教科書に漢字で書かれているものに
　　　ついては漢字を用いて答えなさい。

受験番号		名前	

1 重さを無視できる糸と 100cm の棒、おもりを使い実験を行いました。次の問いに答えなさい。

(1)図 1 のようにおもり A、B をつり下げたとき、棒は水平になり、つりあいました。このとき、おもり B は何 g ですか。

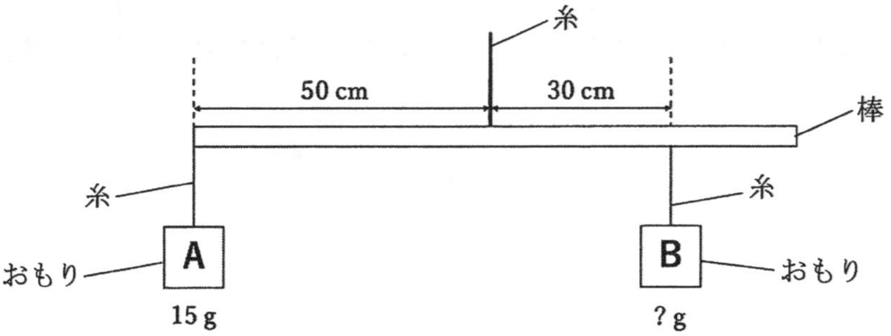

図 1

(2)図 2 のようにおもり A、C をつり下げたとき、棒は水平になり、つりあいました。このとき、棒をつり下げる糸は、おもり A をつり下げているところから何 cm はなれたところにありますか。

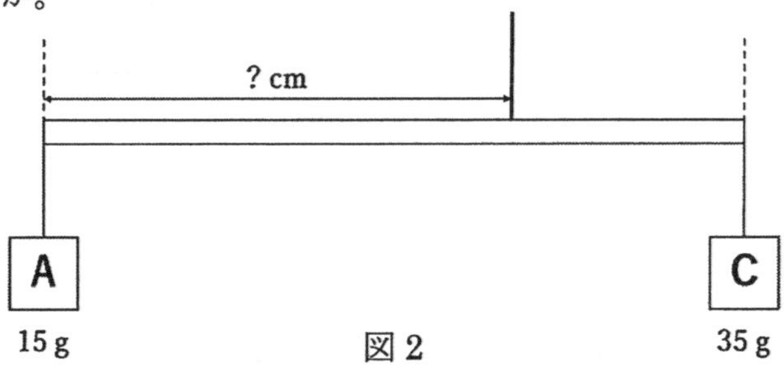

図 2

(3)図 3 のようにおもり A、C をつり下げたとき、棒は水平になりませんでした。そこで、おもり C をはかりで支えたところ、はかりの目盛りが動き、棒は水平になりました。このとき、はかりが指している目盛りは何 g になっていますか。

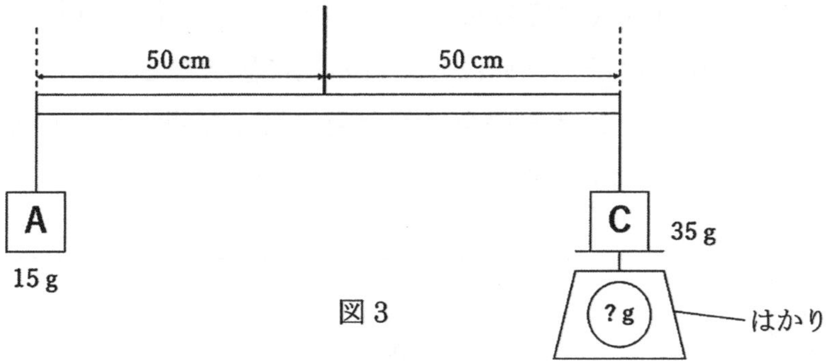

図 3

(4)図 4 のようにおもり A、D をつり下げたとき、棒は水平になりませんでした。そこで、おもり D をはかりで支えたところ、棒は水平になりました。この時、はかりの目盛りが 5 g を指しました。おもり D は何 g ですか。

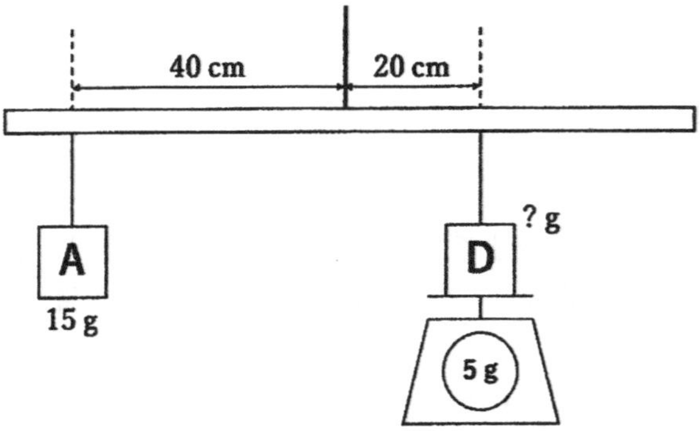

図 4

(5)図 4 の仕組みを工夫することで、月の重力を体感することができます。月の重力は地球の重力の 6 分の 1 の大きさなので、自分をはかりにのせたときに体重が 6 分の 1 になっていれば月の重力を体験しているといえます。

ここで、図 5 のように別のつりてこを用意して、36 kg の子どもが月の重力を体感するにはおもり E は何 kg 必要ですか。

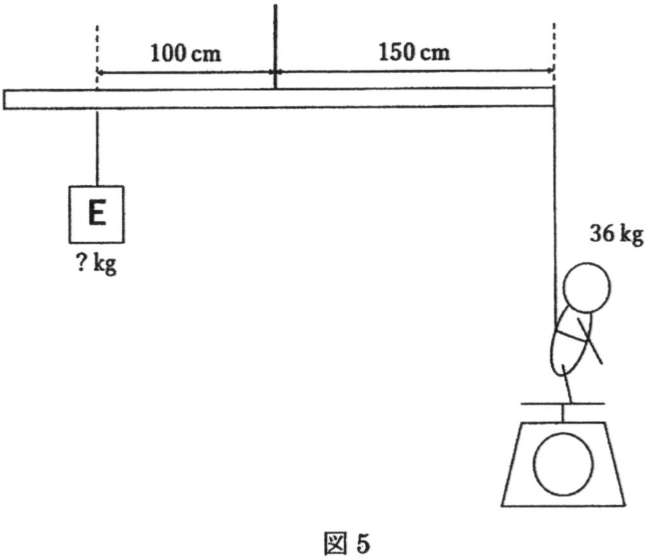

図 5

2　下の表は、さまざまな温度の水 100g に溶《と》けるホウ酸の最大量を表したものです。

水温〔℃〕	20	40	60	80
ホウ酸〔g〕	5	9	15	24

次の問いに答えなさい。

(1)次の水溶液《すいようえき》の中で、水溶液が酸性であるものを次から 1 つ選び、記号で答えなさい。
ア．セッケン水　　イ．炭酸水　　ウ．水酸化ナトリウム水溶液　　エ．食塩水

(2)次の性質の中で、アルカリ性の水溶液に当てはまるものを次からすべて選び、記号で答えなさい。
ア．赤色リトマス紙を青色にする。　　イ．青色リトマス紙を赤色にする。
ウ．BTB 溶液を青色にする。　　エ．金属を溶かす。

(3)40℃の水 50g に溶けるホウ酸は何 g ですか。

(4)80℃の水 100g に最大までホウ酸を溶かしました。溶けているホウ酸の量は水溶液全体の何%ですか。小数第一位を四捨五入して整数で答えなさい。

(5)80℃の水 30g にホウ酸 2g を溶かしました。その後、水溶液を冷やしていくと、溶けきれなくなったホウ酸が出てきました。このときホウ酸がでてくる時の温度は何℃ですか。次から 1 つ、選び記号で答えなさい。
ア．80℃～60℃の間　　イ．60℃～40℃の間
ウ．40℃～20℃の間　　エ．20℃以下

(6)60℃の水 100g に最大量までホウ酸を溶かした後、加熱して水だけを 20g 蒸発させました。その後の水溶液を再び 60℃にすると、溶けきれずに出てくるホウ酸は何 g ですか。

令和3年度

大阪国際大和田中学校　入学試験　1次A日程　解答用紙（国語）

受験番号

名前

※100点満点

問1．２点×５
問2．３点
問3．３点
問4③４点
　　④３点
問5．３点×２
問6．２点
問7．７点
問8．３点
問9．３点×２

一

問1
A
B
C
D
E

問2

問3

問4
③
④

問5
・

問6

問7
木崎が「おれ」にからんできたのは、

2

(1)	円
(2)	℃
(3)	
(4)	
(5)	枚

(2)			km
(3)	午後	時	分

※100点満点

受験番号	名前

点数

2021(R3) 大阪国際大和田中
教英出版

<筆記問題>

5　1点×5

1)

2)

3)

4)

5)

6　1点×5

1)	①	②	③	2)	①	②	③
3)	①	②	③	4)	①	②	③
5)	①	②	③				

7　3点×4

1)	①	②	③	2)	①	②	③
3)	①	②	③	4)	①	②	③

8　2点

※50点満点

受験番号	氏名	/50

3　2点×6

(1)	(2)
(3)	(4)
(5)	
(6)	

4　(1)2点　(2)1点×2　(3)1点×2　(4)1点×2　(5)2点　(6)完答3点

(1)		
(2)	(3)	
(4)	(5)	
(6)	①	②
	③	④

令和3年度　大阪国際大和田中学校　1次A　理科　解答用紙

令和3年　1月16日

50点満点

受験番号		氏名	

1　(1)3点　(2)3点　(3)3点　(4)2点　(5)2点

(1)	(2)	(3)
g	cm	g
(4)	(5)	
g	kg	

2　2点×6

(1)	(2)
(3) g	(4) %
(5)	(6) g

大阪国際 大和田中学校　令和３年度入学試験　１次Ａ日程（英語）　解答用紙

令和３年１月16日実施

<リスニング問題>

1　１点×４

1)	①	②	③	2)	①	②	③
3)	①	②	③	4)	①	②	③

2　２点×４

1)	①	②	③	2)	①	②	③
3)	①	②	③	4)	①	②	③

3　２点×４

1)	①	②	③	2)	①	②	③
3)	①	②	③	4)	①	②	③

4　３点×２

1)	①	②	③	2)	①	②	③

大阪国際大和田中学校　１次Ａ入試　算数（１／16（土）実施）　５点×20　（5(3)は完答）

1

(1)	
(2)	
(3)	
(4)	
(5)	
(6)	
(7)	

3

(1)	
(2)	番

4

(1)	cm
(2)	度
(3)	cm^2

5

【解答

問9

(1)	(2)

二

問1	問2
①	①
②	②
③	③
④	④
⑤	⑤

1点×10

三

(1)	(2)	(3)
A	A	A
B	B	B
C	C	C

2点×9

四

問1

(1)

(2)

	①	②	③	④	⑤
語					
意味					

問2

問3

a	b	c	d	e

い

問1(1)2点
　(2)1点×10
問2．3点
問3．2点×5

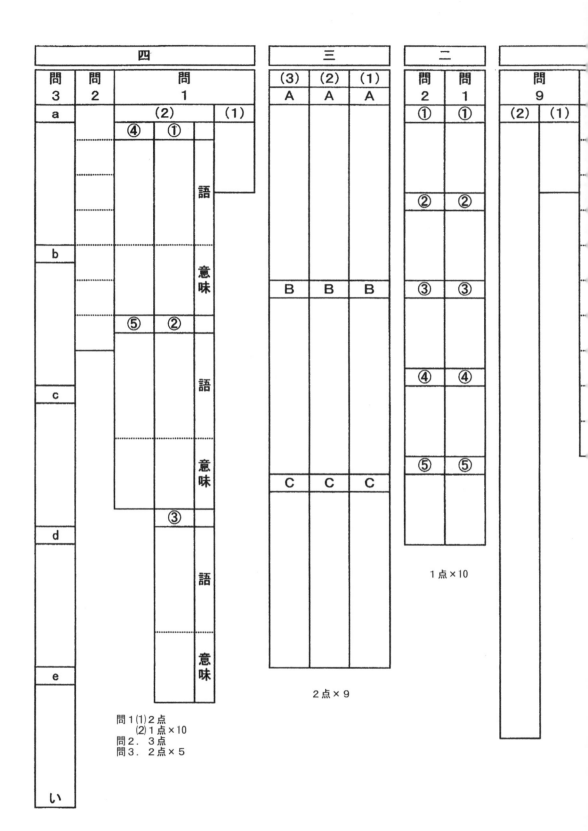

3　下の図は河口付近に運ばれてきた土砂がつもるようすを示したものです。次の問いに答えなさい。

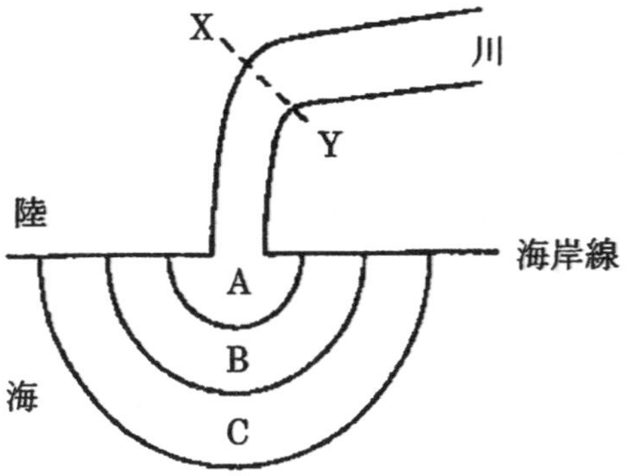

(1)流れる水のはたらきのうち、地面をけずるはたらきを何といいますか。

(2)川の上流では(1)が大きくはたらき、川底を次々とけずることがあります。このように次々とけずられた深い谷のことを何といいますか。

(3)図のA～Cの海底に、どろ、砂、れきがそれぞれたい積しているとすると、Cに主にたい積しているのは何ですか。

(4)図において、川が曲がっている部分（X_____Y）の川底の断面として最も適当なものを次から1つ選び、記号で答えなさい。

ア　イ　ウ　エ

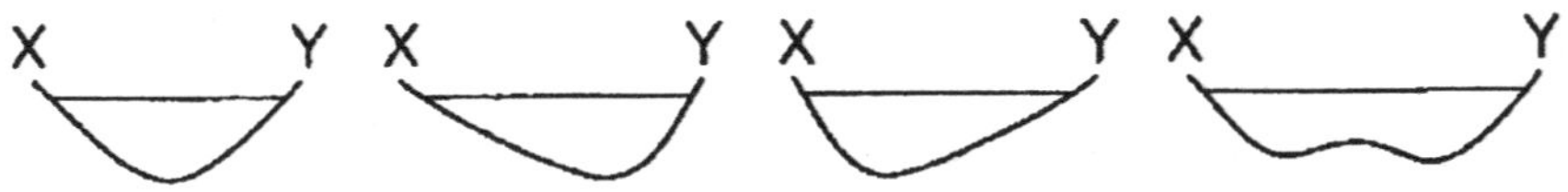

(5)図において、川が曲がっている部分は過去の大雨によって、てい防がこわれ、付近の住宅地がしん水することがよくありました。そのため、このような場所ではコンクリートのてい防がつくられることがあります。コンクリートのてい防はふつうX、Yのどちら側につくられていますか。記号で答えなさい。

(6)コンクリートのてい防は、コンクリートの表面を土でおおったり、植物をうえたりしていることが多いです。このようなことをする理由を簡単に答えなさい。

4　太平洋の北東部のアリューシャン列島の海岸の近くではジャイアントケルプというコンブの一種が林のように大量に海中に生息している場所があります。このジャイアントケルプを食べて生きている生物のひとつにウニがあり、さらにそのウニを食べてラッコが生息しています。

ジャイアントケルプ（コンブのなかま） ➡ ウ　ニ ➡ ラッコ

(1)このように異なる種類の生物の間で食べる・食べられるというひとつづきにつながっている関係を何といいますか。

(2)食べる・食べられるの関係について、正しい組み合わせを次から2つ選び、記号で答えなさい。

	食べられる生物	食べる生物
ア．	アブラムシ	ナナホシテントウ
イ．	サシバ（大形のタカのなかま）	へ　ビ
ウ．	キャベツ	オオカマキリ
エ．	モンシロチョウの幼虫	ノコギリクワガタ
オ．	ミミズ	モグラ

(3)ジャイアントケルプはコンブのなかまです。コンブについて正しい内容の文を次から2つ選び、記号で答えなさい。

ア．水中で光合成をおこなう。
イ．水中に生息し、呼吸によって酸素を取りこむことはできない。
ウ．種子をつくって増える植物のなかまである。
エ．根・茎・葉の区別はみられない。

(4)ラッコについて正しい内容の文を次から2つ選び、記号で答えなさい。

ア．ほ乳類の一種で体温を一定に保つことができる動物である。
イ．えらで呼吸する能力があり、海での生活に適している。
ウ．心臓は2つの心房(血液がもどってくる部屋)と2つの心室(血液を送り出す部屋)の計4つの部屋に分かれている。
エ．カンガルーやコアラのようにおなかに子どもを育てるためのふくろがある。

(5)何らかの理由で、この海域からラッコが急に減ってしまった場合、その直後の影響《えいきょう》として考えられることを次から1つ選び、記号で答えなさい。

ア．ウニとジャイアントケルプがほぼ同時に減ると考えられる。

イ．ウニとジャイアントケルプがほぼ同時に増えると考えられる。

ウ．ウニは増え、ジャイアントケルプが減ると考えられる。

エ．ウニは減り、ジャイアントケルプが増えると考えられる。

オ．ウニは増えるが、ジャイアントケルプには影響はないと考えられる。

カ．ウニは減るが、ジャイアントケルプには影響はないと考えられる。

(6)食べる・食べられるの関係では、食べる方の生物を「捕食《ほしょく》者」、食べられる方の生物を「被食《ひしょく》者」といいます。長い時間をかけてできた生物どうしの関係が続いてきた場合は、捕食者も被食者も数の変化はみられますが、互いに絶滅することは少ないと言われています。次の図は捕食者が増えたときに、そのあとに見られる被食者・捕食者の変化を示したものです。(　　) にそれぞれ「増える」または「減る」を正しく書き入れなさい。

捕食者が増える
→　被食者が（　①　）
→　捕食者が（　②　）
→　被食者が（　③　）
捕食者が（　④　）

(問題は以上です。)

2021(R3) 大阪国際大和田中
K 教英出版

放送原稿　　※音声は収録しておりません

令和３年度　大阪国際大和田中学校　入学試験１次Ａ日程（英語）リスニングスクリプト

ただ今から、令和３年度大阪国際大和田中学校入学試験一次Ａ英語リスニング問題を始めます。

第１問　これから、それぞれのイラストについて、英語の文が３つ流れます。イラストに合っているものを一つ選び、解答用紙の番号に○をつけなさい。英語の文は２回流れます。メモを取っても構いません。それでは始めます。

Question 1)
①A man is covering a box.
②A man is catching a box.
③A man is carrying a box.

Question 2)
①A girl is doing calligraphy.
②A girl is drawing a picture.
③A girl is making a plastic model.

Question 3)
①A boy and a girl are talking to each other.
②A boy and a girl are walking across the road.
③A boy and a girl are looking at the car.

Question 4)
①There are two tomatoes on the plate.
②There are three sausages on the plate.
③There are two pieces of bread on the plate.

大阪国際大和田中学校入学試験問題（国語）(50分)　一次A

一　次の文章を読んで、後の問いに答えなさい。

「なあ、※えだいち。俺、ちょっとA気になる場所があるんだ」

そう押野が言ってきたのは、朝のラジオ体操が終わって、いつものようにおばさんに小言を言われたあとだった。

「気になる場所？」

「うん。川の向こうにあるんだ。たぶん工場だと思うんだけど」

ふうん。その工場のなにが気になるのかはわからなかったけど、押野がわざわざぼくに言ってくるくらいだから、相当気になってるんだなと思った。

「行ってみる？」

と言ったのは押野じゃなくて、ぼくだった。言ったとたん、押野の顔が［ｉ］明るくなった。

出かけることをおじいさんに話すと、おじいさんは特大のおにぎりをぼくと押野の分、ふたつずつにぎってくれた。ぼくは水筒に麦茶を注いだ。

押野がはにかんだ顔をして木戸をくぐってやってきたのを見ると、おじいさんは「気を付けて行ってきなさい」と声をかけた。

「どのくらいかかるの？」

「自転車で、三十分くらいかな」

母さんからもらった新しい自転車の出番だ。

「行こう！」

ぼくは押野について自転車を走らせた。B押野の横顔はそわそわしているような、落ち着かないようなそんなふうに見えた。

ア今日の空は曇《くも》っていて、太陽は見えない。けれど、暑いのには変わりない。自転車で十分も走ると、背中や脇の下やお尻の間なんかに［ⅱ］汗をかいた。押野のTシャツも背中のところだけ黒く汗の地図ができている。

「あっちいな」

うしろのぼくを振り返って押野が言う。

「でも、カンカン照りじゃなくてよかった」

「うん」

イ新しい自転車は快適だった。慣れてくるととても乗りやすい。速いし、ちょっとしたでこぼこ道でも楽にこなせる。ぼくには不相応かもしれないな、と押野の使い慣らされた自転車を見て思った。

風が吹いて、［ⅲ］した大きな雲が流れると、太陽が顔を出し、［ⅳ］熱い光線を投げてくる。

「プール行きたいな。なっ」

押野がニヤッと笑いながらぼくに言う。ぼくは押野を無視して、ヤマに水泳を教えてもらいたいなあと思う。ヤマみたいなお兄さんがいたらいいなあ、と。

見慣れない道を走っていく。いったいどこまで道はつながっているんだろう。このままずっとずっと走っていったら、日本一周ができるんじゃないだろうか。いつか、ぼくがもう少しちゃんとしたら、自転車に乗って、行けるところまで行ってみたいと、夢みたいなことを思った。

「ねえ、もう三十分くらいたったんじゃない？」

こんなに続けて自転車に乗ったのもはじめてだったし、とにかく暑さにへばってきた。

C「少し休憩《きゅうけい》しようか」

と押野は言って、小さな公園に寄った。いくら曇ってるとはいえ、こんな真夏の昼間の公園にいる人はなく、ぼくたちは自転車を停めて、大きな木の陰《かげ》になっているベンチに座った。販売機があったから、スポーツドリンクを買って二人で一気に飲んだ。

「あとどのくらいなの？」

「もう少しだよ」

「どんなところ？」

ぼくの質問に、押野は少し難しい顔をしたあと、「笑うなよ」とぼくに言った。

「笑わないよ」

ぼくがそう言うと、押野は「ええっとね」と照れたように話しはじめた。

「川の向こうの海側にあるんだけど……」

海といったら、あと倍くらいの距離はあるはずだ。

「ふじみ川が海にあたるところがあるだろ。そのあたりに工場があるんだ」

「なんの工場？」

「うん、それがさ、それが問題なんだ」

スニーカーのかかとで地面をこすりながら、押野が少し考えるような顔をした。

「前に、母ちゃんの車に乗せてもらったときに、何度かその近くを通ったんだけどさ」

「うん」

Dこんなふうに回りくどい言い方をする押野ははじめてだ。

「なんかさ、そこは、まるでおもちゃの工場みたいなんだ」

「おもちゃの工場？おもちゃを作っている工場ってこと？」

「ちがうんだ。工場そのものがおもちゃみたいなんだ。俺が昔、空想して描いた絵があるんだけど」

押野は絵がうまい。グッピーをメザシみたいに描いてしまうぼくとはちがって、押野はグッピーが今にも泳ぎだしそうにたのしげに、本物よりももっと本物っぽいグッピーを描く。夏休み前の交通安全のポスターもクラスの代表に選ばれた。

「それは、ロボットたちがおもちゃを作る工場の絵なんだ」

ぼくはそれを想像した。押野が描いた、ロボットがおもちゃを作る工場を。

「今から行こうとしている川の向こうにある工場は、俺の描いた工場の絵にそっくりなんだ」

ぼくはなんて言っていいのかわからなくて、ただじっと押野の顔を眺めていた。

「だから行ってみたかったんだ。近くまで行って、自分の目で確かめたかったんだ」

そう話す押野の目は、いつも以上にきらきらしていた。ぼくの目にもきらきらが映って、ぼくまでなんだかわくわくしてきた。押野が描いた、想像の工場にそっくりの工場があるなんて、それを見に行かないでどうするのだ。

「Eぼくも見たいよ」

「なっ。そうだろ。えだいちは絶対そう言ってくれると思ったんだ」

押野にそう言われて、Fぼくはうれしかった。

「いつも車から見るだけだから、実際に近くまで行ってみたいんだ。本当はなんの工場かも知りたいし」

「ほんとにロボットがおもちゃを作ってたりして」

ぼくが言うと、押野は「そうかもしれないぜ」と、目を輝かせた。

さっきよりも雲が張り出してきて、太陽をかくしてくれたおかげで顔のほてりがなくなった。けれどさっき、ちょっとだけ雲間から顔をのぞかせた太陽のせいで、すでにぼくの頬《ほお》はぴりぴりと痛かった。絶対に明日あたり真っ赤になって、鼻の頭の皮がむけるだろうなと思った。

ぼくらは休憩前よりも懸命に自転車を漕《こ》いだ。ロボットのおもちゃ工場を早く見たい。押野の自転車の泥よけの塗装《とそう》が一か所削《けず》れたようになっていて、そこに「オシノ」と銀色のマーカーで書いてある。だれかのお下がりだと言っていたから、きっとその部分に前の持ち主の名前が書いてあったんだろう。

ウ「えだいちー」

お尻を持ち上げて自転車を漕ぎながら、押野が大きな声を出す。

「なあにー」

「今日は土曜日だから、工場は休みかもしれないなー」

「ああ、そうだねー。でもだれもいないほうがいいんじゃないかなー」

「そうだよなー、ⓐ怪《あや》しまれないもんなー」

ぼくたちの声は夏の湿《しめ》った熱い空気に吸いこまれて、うしろに流れて消えてゆく。たのしかった。こうして二人で自転車を走らせているⓑのが、単純で明快で。しかもその先におもちゃ工場が待っていると思うと、ますます気持ちが明るくなった。

新しい自転車はとても軽快に道路を押してゆく。うんと小さい頃、母さんとどこかのサイクリングコースに行ったことを思い出した。サドルがふたつついたおもしろい自転車に母さんと二人で乗った。安定感ⓒのある自転車だけど、ぼくも母さんもうまくバランスがとれなくて、しかも力がないから、よたよたとジグザグ運転になって係のおにいさんがうしろで支えてくれたっけ。G今なら、母さんがペダルを漕がなくても、ぼくの力だけで二人分漕げるのに。

「海だ！」
　押野が指をさして右手側を示す。見ると、海ⓓの濃《こ》い水平線が細く見える。久しぶりに海を見た。けっこう近くにあったんだってことに今気が付いた。進んでゆくにしたがって、海はどんどんと Ｈ幅《はば》を広げていって、ぼくはなんだか愕然《がくぜん》としてしまう。海が突然こⓔの世に現れたような感じがする。紺《こん》色と灰色を混ぜたような空の下にある海は、それよりももっと濃い紺色と灰色だった。
　行く先に大きな橋が見える。二級河川のふじみ川だ。学校のそばを通るあやめ川は、このふじみ川の支流となっている。
「えだいち、もうすぐだよ」
　押野が振り返って笑う。ぼくも笑ってうなずく。Ｉ押野が立ち漕ぎになったのを見て、ぼくも真似をした。そんなことをしてもたいしてスピードは変わらないんだけど、気が急《せ》いてそうしてしまった。
　ぼくたちは橋を渡った。橋の下は河口になっていて、ウインドサーフィンをやっている人を、めずらしそうに何人かの人が見ていた。ぼくもはじめて見るヨットみたいなものをもっと見たいと思ったけど、それよりも今はおもちゃ工場だ。
エ「橋を越えたところにあるんだ」
　押野は自分に言うように、うしろを振り返らずに言ったけど、ぼくにはその声がよく聞こえた。
　長い橋を渡り終えた。押野がスピードを落として、地面に足をつける。
「あそこなんだ」
　押野が指差した先には、ぼくがさっき押野から聞いたときに思い描いた工場があった。本当に押野が言ったとおりだ！
「すごい！　ロボットのおもちゃ工場そのものじゃん！」
「なっ！えだいちもそう思うだろ？俺、ずっと気になってたんだ」
　建物は意外に小さいけど、建物の外にあるものがぼくらの目をひきつける。建物からは長いらせん状の外階段が出ていて、まるでそれは針金のバネみたいに見える。金属でできている大小の球体は、Ｊここから見ると継《つ》ぎ目があるように思える。継ぎ目というより、縫《ぬ》い目みたいだ。地面からは、先ⓕのとがった細長いものが何本かにょきにょきと出ている。全体の色はくすんだブルーグレーで、ぼくが想像するロボットの色とおんなじだ。
　ぼくは、ブリキでできた四角い顔のロボットたちが、一生懸命におもちゃを作っているところを想像した。みんな気がやさしいロボットたちだ。
「行ってみよう！」
　ぼくらは声をそろえて、お互いにうなずいた。
　国道には歩道橋がかかっていて、自転車専用の通り道も設けてある。ぼくらは自転車を押して歩道橋の坂道をのぼった。
「よく見えるよ」
　歩道橋の上から、おもちゃ工場はよく見えた。まるで海の中に建っているみたいだった。今日の空と海の色は、工場の色ととてもよく似ていて、指で四角いフレームを作ってそこを見ると、ひとつの完成された絵みたいだった。
「けっこう遠くにあるんだな」
「うん。向こう側は土地が下がってるんだね」
オ　工場は海のすぐ前に建っているように見えた。ふじみ川と太平洋の交差する角地に建っているように見える。
　ぼくたちは、ぐんぐんと先に下ろうとする自転車を押さえながら歩道橋の坂道を下りた。

椰月美智子『しずかな日々』

〈注〉※えだいち…「ぼく」のニックネーム。元々母と二人暮らしであったが、今は祖父と暮らしている。

問1　i ～ iv に当てはまる言葉としてもっとも適切なものを、それぞれ次の中から記号で選びなさい。
　ア　ゆっくりと　　イ　カーッと　　ウ　ぱあっと　　エ　じっとりと
問2　〰〰部ⓕ「の」と同じ役割のものを、それより前のⓐ～ⓔの中から記号で選びなさい。

問３　━━部Ａ「気になる場所」とありますが、気になる理由を本文中の言葉を使って六十字以内で説明しなさい。

問４　━━部Ｂ「押野の横顔はそわそわしているような、落ち着かないようなそんなふうに見えた」とありますが、このときの「押野」の気持ちとしてもっとも適切なものを、次の中から記号で選びなさい。

ア　自転車で三十分ぐらいなのに、おじいさんがおにぎりまで用意してくれたから。
イ　本当は三十分ではとても行けないような遠いところで、天気も心配だったから。
ウ　「えだいち」は新しい自転車だけど、自分は古い自転車で走りにくかったから。
エ　ずっと気になっていた場所を、いよいよ自分の目で確かめることになったから。
オ　自分の個人的に気になっていたことに「えだいち」を巻きこんでしまったから。

問５　━━部Ｃ「少し休憩しようか」とありますが、休憩の場面はどこまで続きますか。休憩後の一文の最初の五字を抜き出して答えなさい。

問６　━━部Ｄ「こんなふうに回りくどい言い方をする押野ははじめてだ」とありますが、このときの「押野」の気持ちとしてもっとも適切なものを、次の中から記号で選びなさい。

ア　くわしいことは知らないまま自分を信じて一緒に来てくれた友だちに、本当のことを話そうにも自分もわかっていないため追い詰められたような気持ち。
イ　一緒に行くからには「えだいち」に工場のことを説明しなければならないのだが、うまく説明する自信がなくて、どうせ言っても無駄だろうという投げやりな気持ち。
ウ　実は最初に説明した場所よりもずっと遠い場所に工場があるため、早く本当のことを伝えなければならないのだがなかなか言い出せないもどかしい気持ち。
エ　「えだいち」と仲良くなってから一緒に過ごしているうちに、できることが増えてきた友だちの成長をほほえましく思い、今回も大丈夫だろうと期待する気持ち。
オ　「えだいち」ならきっと自分と同じように行ってみたいと感じるはずだとは思いつつも、自分が工場に行ってみたい理由を口に出すのがためらわれる気持ち。

問７　━━部Ｅ「ぼくも見たいよ」とありますが、具体的に何を見たいのですか。十字以内で本文中から抜き出して答えなさい。

問８　━━部Ｆ「ぼくはうれしかった」とありますが、なぜですか。もっとも適切なものを、次の中から記号で選びなさい。

ア　大好きな友だちに、「ぼく」自身のことがわかっているような返事をもらえたから。
イ　あこがれている友だちに、友人自身が興味を持っている建物を見に行こうと誘われたから。
ウ　気の合う友だちに、「ぼく」自身が昔から興味のあったことに対して共感を得たから。
エ　たった一人の友だちに、「ぼく」自身を認めてもらえるような返事をしてもらったから。
オ　一番仲のよい友だちに、「ぼく」自身の描いた絵のことを確認しにいこうと同意されたから。

問９　━━部Ｇ「今なら、母さんがペダルを漕がなくても、ぼくの力だけで二人分漕げるのに」とありますが、この表現に込められた「ぼく」の気持ちとしてもっとも適切なものを、次の中から記号で選びなさい。

ア　「母さん」と二人だけのころとは違い、「押野」たちとの出会いや交流を通して様々な面で自分自身の成長を自覚し、自信を深めることができている。
イ　「母さん」の身長を「ぼく」が追い抜いたことで、自分の成長を実感しているとともに、自分の体力の限界に挑戦したいというチャレンジ精神を持っている。
ウ　その当時よりも身体的に成長しており、二人漕ぎの自転車くらいならば一人でも大丈夫なはずだと実力以上に自信を持っている。
エ　自転車の運転技術の向上を実感することで、今までの自分ではとうていたどり着けないような場所に行けるようになったことに喜びを感じている。
オ　自分で行けるところまで自転車でどこまでも行ってみたいという夢を実現するためには、それ相応の努力が必要だということを強く意識している。

問10　━━部Ｈ「幅を広げていって」とありますが、何がどのように変化したのですか。説明しなさい。

問11　━━部Ｉ「押野が立ち漕ぎになったのを見て、ぼくも真似をした」とありますが、このときの「押野」と「ぼく」に共通する気持ちを説明しなさい。

問12　━━部Ｊ「ここ」が指す場所を、「…ところ」という表現に続くように十字以内で本文中から抜き出して答えなさい。

問13　本文中の┅┅部の表現や内容に関する説明として適切なものを、次の中から**すべて**記号で選びなさい。

ア　「今日の空は曇っていて、太陽はよく見えない」といった景色の表現には、二人が目的地に着いた後によくない展開があるかもしれないということを読者に予感させる効果がある。
イ　「新しい自転車は快適だった」からは必要なものはすぐに買い与えてもらえるほど「ぼく」が裕福な家庭にいることがわかり、「だれかのお下がり」しかもらえない押野の家庭との差が明確になっている。
ウ　「えだいちー」から「そうだよなー、怪しまれないもんなー」まで語尾に「ー」をつけて会話をさせることによって、自転車で走っている二人のスピード感や距離感をわかりやすく表現している。
エ　「押野は自分に言うように、うしろを振り返らずに言ったけど、ぼくにはその声がよく聞こえた」という表現は興奮のあまり大声を出しているということであり、押野の自分勝手さが出ている。
オ　「ぼくたちは、ぐんぐんと先に下ろうとする自転車を押さえながら歩道橋の坂道を下りた」という表現はロボット工場に行きたいような行きたくないような少年たちの微妙な気持ちを表している。

令和二年度　大阪国際大和田中学校入学試験問題（国語）一次A　⑤

二　次の①～⑤の文には、それぞれよく使われることわざ・慣用句がふくまれています。このことをふまえ、ア～コにそれぞれ適切な言葉を入れなさい。

① ア に イ はかえられず、旅行の予定をキャンセルした。
② バレー部の勝利に校内は ウ を エ への大さわぎだ。
③ オ も カ もかみわけた人だから、恩師の言葉は奥が深い。
④ 顔を見れば意思は通じる。キ は ク ほどにものを言うのだから。
⑤ 昨日の試合は ケ に コ をにぎる白熱したいい試合だった。

三　次の①～⑤の言葉の類義語である四字熟語を後の語群から選び、漢字にあらためて答えなさい。

① 共感　② まごつく　③ わがまま　④ 安価　⑤ 危機

〈語群〉
がでんいんすい　ぜったいぜつめい　いきとうごう
うおうさおう　にそくさんもん

四　次の各文の言葉どうしの関係を図のように整理すると、A～Cに入る言葉はどれになりますか。例を参考にして答えなさい。

〈例〉　真っ赤な　太陽が　海上に　昇った。

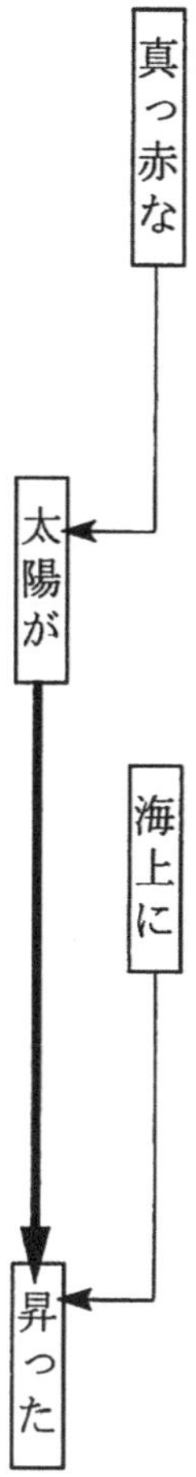

① 毎年　家の　近くの　広場で　音楽好きの　ための　イベントが　とても　盛大に　行われる。

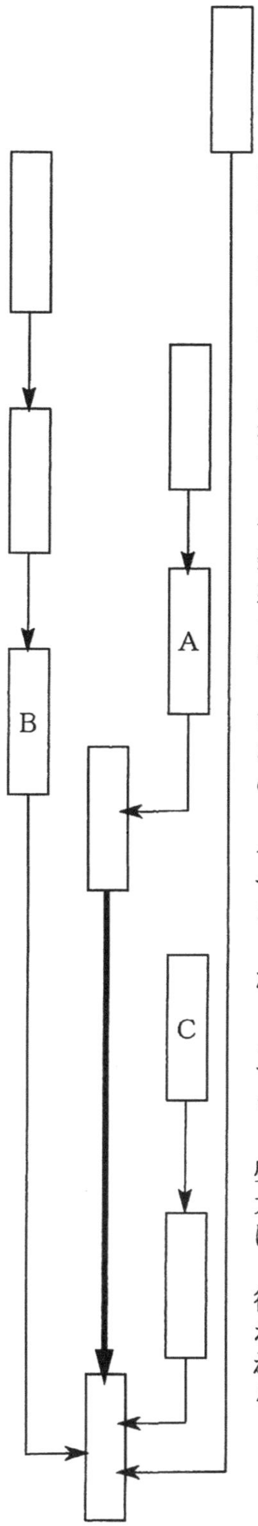

② 遠い　南の　国から　世界を　一周している　大きな　船が　横浜の　港に　ゆっくりと　やって来た。

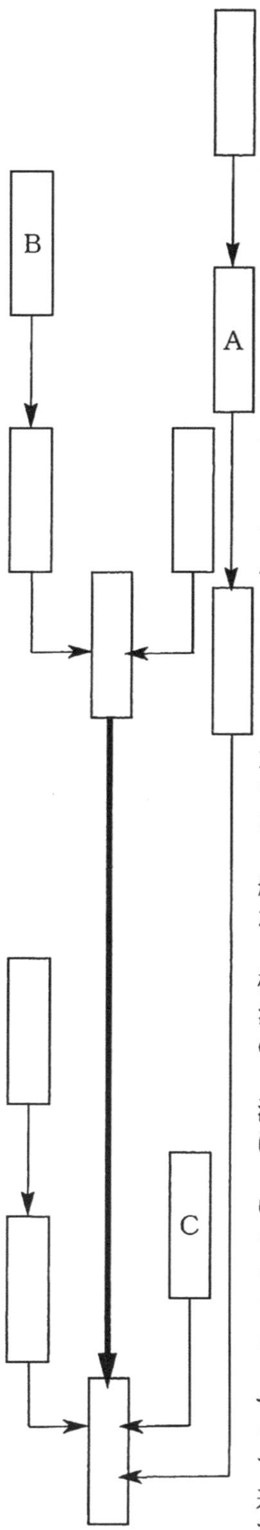

五　次の═══部①～⑤のカタカナを漢字にあらためなさい。

朝日新聞「天声人語」二〇一九年十二月四日

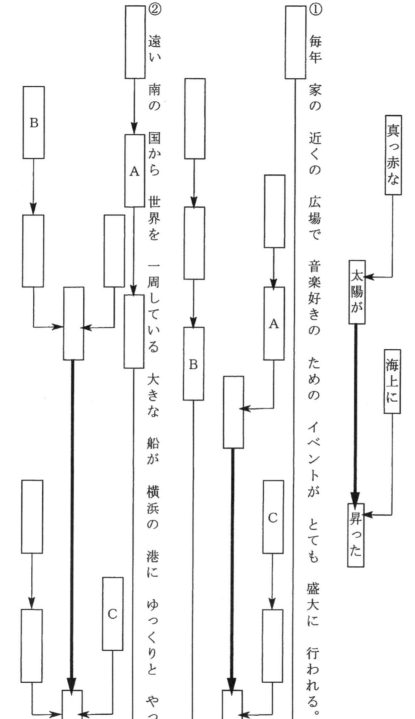

令和2年度　大阪国際大和田中学校　1次A入試　5点×20　※100点満点　算数　No.1
(50分)　令和2年1月18日

受験番号	氏名

1 次の計算をしなさい。

(1) $5891+4379$

(2) $134-(19+56\div14)\times2-35$

(3) 315×999

(4) $2\frac{3}{4}\times1\frac{1}{11}\div2\frac{2}{5}$

(5) $45.3\times5-20\times4.53+0.7\times453$

(6) $100\frac{1}{4}-25\frac{1}{8}+20\frac{1}{12}-35\frac{1}{18}$

(7) $0.03\times4\frac{2}{3}+15.3\div5.1-(10.49-9.24)\times\frac{4}{25}$

2 次の問いに答えなさい。

(1) Aさんは，おこづかい2000円のうち，$\frac{3}{8}$ はおやつ代に，$\frac{1}{4}$ は飲み物を買うのに使いました。Aさんの残金を答えなさい。

円

(2) 下の図の角アの大きさを答えなさい。ただし，同じ印をつけた角の大きさは等しい。

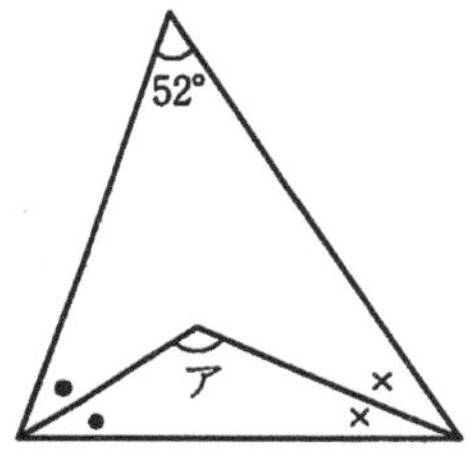

度

(3) 下の図のしゃ線部分の面積を答えなさい。ただし，円周率は3.14とします。

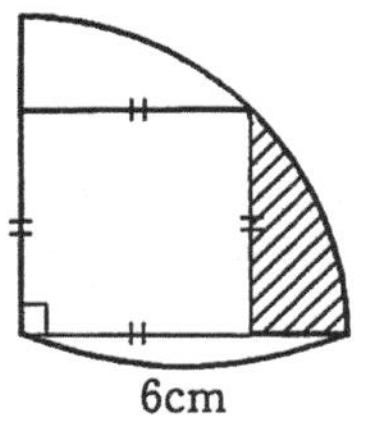

cm^2

(4) 大小2つのサイコロを同時にふります。目の積が6の倍数になるのは何通りか答えなさい。

通り

(5) 下の図形を，軸（じく）を中心に1回転させたときにできる立体の体積を答えなさい。ただし，円周率は3.14とします。

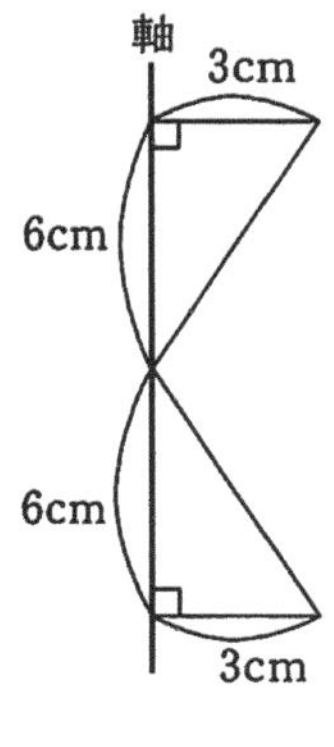

cm^3

受験番号　　氏名

3 小数には大きく分けて二種類のものが存在します。ひとつは $\frac{1}{2}=0.5$ や $\frac{1}{8}=0.125$ のように割り切れる小数のことを有限（ゆうげん）小数といい，$\frac{1}{3}=0.333\cdots$ のように終わりがない小数のことを無限（むげん）小数といいます。さらにその無限小数の中でも，0.333… や0.125125125… のように，同じ数字が永遠と規則的に続く小数のことを循環（じゅんかん）小数といいます。このとき，次の問いに答えなさい。

(1) 次の①～③の分数を小数にしたとき，有限小数となるのをすべて選び，番号で答えなさい。

① $\frac{1}{4}$　② $\frac{2}{3}$　③ $\frac{146}{10}$

＿＿＿＿＿＿＿＿

(2) 分数 $\frac{4}{11}$ について考えます。この分数を小数にしたとき，小数第80位の数を答えなさい。

＿＿＿＿＿＿＿＿

(3) 0.124312431243…のように規則的に続く小数について考えます。この無限小数について，小数の各位の数を足していったとき，合計が201となるのは小数第何位のときか答えなさい。

小数第＿＿＿＿位

4 図１のような，１辺6cmの立方体があります。さらに，AM=3cmです。このとき，次の問いに答えなさい。

(1) 図１の立方体について，３点B，C，Mで切り取られた三角すいの体積を答えなさい。

図1
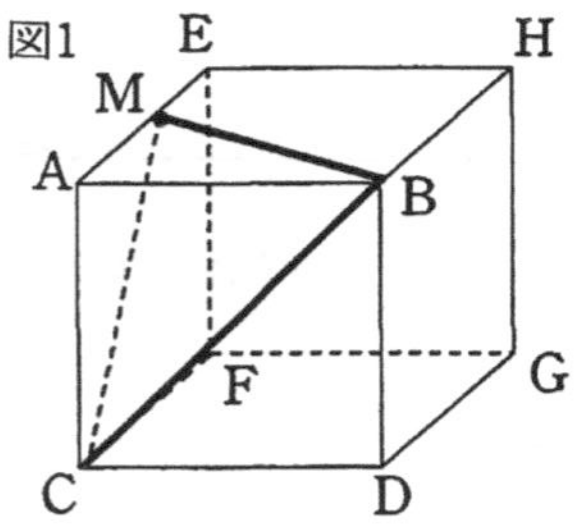

＿＿＿＿＿＿＿＿ cm^3

(2) 図１で切り取られた三角すいについて，B，C，Mで囲まれた面以外の全てに色をぬり，元の立方体の形にもどしました。このとき，色がぬられている部分を，図2の展開図にぬりなさい。

図2
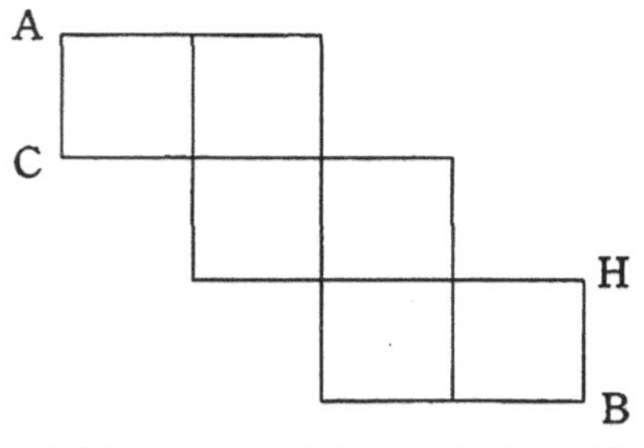

5 K駅からO中学校までの道のりは1080mあります。下のグラフは，K駅からAさんは自転車で，Bさんは歩いてO中学校まで向かった道のりと時刻の関係を表したものです。AさんはK駅からO中学校まで向かって，用事をすませた後，再び駅にもどりました。BさんはAさんがK駅から出発してから6分後に出ました。このとき，次の問いに答えなさい。

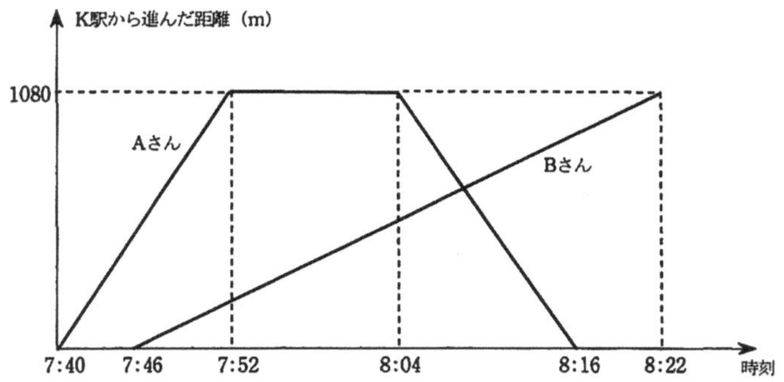

(1) Bさんの進む速さは分速何mか答えなさい。

分速＿＿＿＿m

(2) AさんがO中学校を出発したとき，BさんはK駅から何mの地点にいたか答えなさい。

K駅から＿＿＿＿m地点

(3) Aさんが，K駅へもどる道中で，Bさんとすれちがいました。このとき，K駅から何mの地点ですれちがったか答えなさい。

K駅から＿＿＿＿m地点

令和２年度　大阪国際大和田中学校　１次Ａ　理科　入学試験問題

令和２年１月18日

受験番号		氏名	

(30分)

1　「てこ」のつり合いについて、あとの各問いに答えなさい。

(1)　図１、２のように、棒（100 cm）・おもり・糸を使って実験をしたところ、いずれも「てこ」はつり合いました。①、②は、それぞれいくらになりますか。なお、棒は太さが一様で、糸とともに重さは考えません。

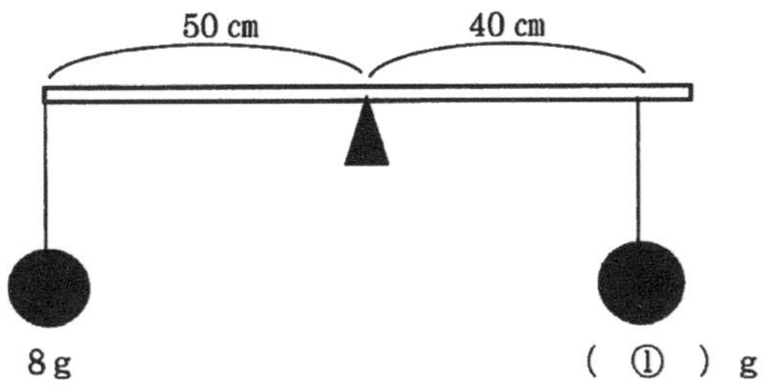

図１

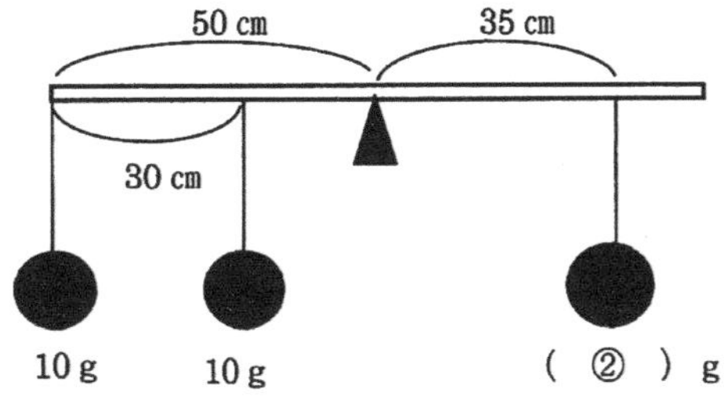

図２

(2)　図２の（②）ｇのおもりを、図３のように別の「てこ」とつなぎかえました。すべての「てこ」がつり合っているとき、③、④はそれぞれいくらになりますか。なお、棒は太さが一様で、糸とともに重さは考えません。

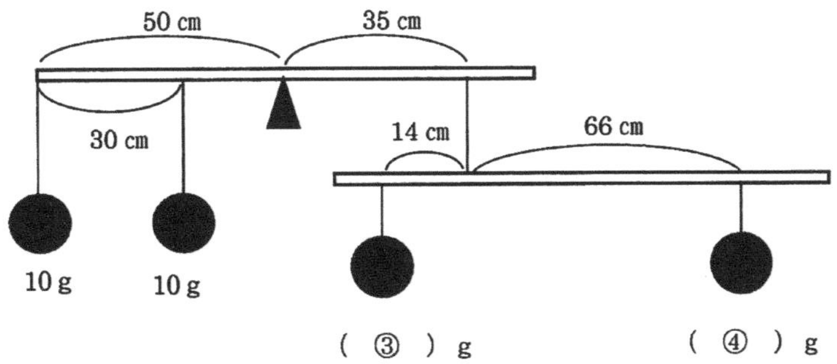

図３

(3)　図４、５のように、かっ車（30 g）・棒（100 cm、20 g）・おもり・糸を使って、つり合いの実験をしたところ、いずれも「てこ」はつり合いました。⑤～⑦はそれぞれいくらになりますか。なお、棒は太さが一様で、糸は重さを考えません。

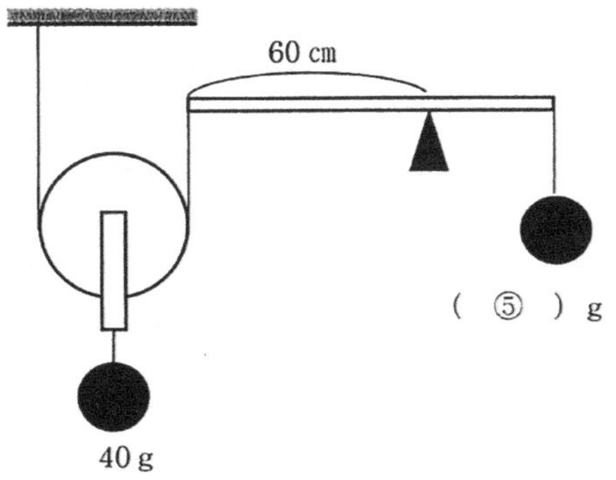

図４

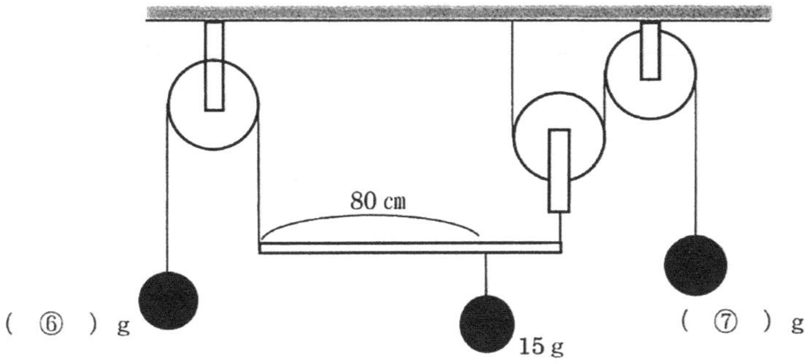

図５

2　気体とものの燃え方について、あとの各問いに答えなさい。

(1)　ふつう、身のまわりにある空気について、空気に対する酸素と二酸化炭素のおおよその割合として最も適したものを次より選び、それぞれ記号で答えなさい。

ア．98%　　イ．78%　　ウ．21%　　エ．3%　　オ．0.04%

(2)　次の文の（　）に適する物質を語群より選び、記号で答えなさい。

「二酸化炭素を発生させるには固体の（　A　）に液体の（　B　）を加える。」

【語群】
ア．二酸化マンガン　　イ．石灰石　　ウ．亜　鉛
エ．アルミニウム　　オ．食塩水　　カ．過酸化水素水
キ．うすい塩酸　　ク．アンモニア水　　ケ．エタノール

(3) 次の表は炭素の粉、銅の粉、マグネシウムの粉を完全に燃やしたときの燃やしたものの量〔g〕、使われた酸素の量〔g〕、発生した二酸化炭素の量〔g〕を示したものです。

燃やしたもの	燃やしたものの量〔g〕	使われた酸素の量〔g〕	発生した二酸化炭素の量〔g〕
炭素	4.2	11.2	15.4
銅	4.8	1.2	0
マグネシウム	5.4	3.6	0

①　炭素の粉6gを完全に燃やしたとき、使われる酸素は何gですか。

②　銅と酸素を反応させてできた物質を酸化銅といいます。銅の粉6gを完全に燃やしたときにできる酸化銅は何gですか。

③　マグネシウムと酸素を反応させてできた物質を酸化マグネシウムといいます。マグネシウムの粉5gを燃やしたところ、あとに残った粉の量は7.4gでした。よく調べてみると、あとに残った粉は酸化マグネシウムと燃えずに残ったマグネシウムが混じっていました。燃えずに残ったマグネシウムの量は何gですか。

④　銅の粉とマグネシウムの粉が混じったものが9.5gありました。これを完全に燃やしたところ、できた粉は13.5gになりました。はじめにあった粉9.5gのうち、銅の量は何gですか。

(問題は次の頁《ページ》に続く。)

3 日本は、一年を通してたくさんの雨が降ります。そのため、植物が育つために必要な降水量が十分にあり、国土の70%は森林となっています。森林は大きく分けて二つあり、一年を通して葉をつけている常緑樹の多い森林と、葉をつけている期間と葉をつけていない期間のある落葉樹の多い森林があります。

日本の各地域では、一年を通した温度によって、どのような植物が多く生育できるか決まっています。どの植物が生育するかを調べる方法として、「あたたかさの指数」というものがあります。これは、一年間のうち月平均気温が5℃以上の各月について、月平均気温から5℃を引いた数値をすべて合計した値のことをいいます。この「あたたかさの指数」でどのような森林になるかをおおまかに判断することができます。次の表1は守口市の月平均気温〔℃〕を示しています。表2は「あたたかさの指数」による森林の分類を示しています。あとの各問いに答えなさい。

表1

1月	6.2	7月	28.8
2月	6.3	8月	29.2
3月	9.2	9月	24.4
4月	15.7	10月	18.9
5月	21.1	11月	13.5
6月	22.7	12月	8.0

表2

あたたかさの指数	多く生育している樹木
180～240	つる植物やマングローブなどの常緑樹
85～180	光沢《こうたく》のある葉をもつ常緑樹
45～85	秋から冬に葉を落とす落葉樹
15～45	細くとがった葉をもつ常緑樹

(1) 常緑樹である植物を、次より一つ選び、記号で答えなさい。

ア. イチョウ　イ. ヒマワリ　ウ. モミジ　エ. ツバキ

(2) 落葉樹の多くは、葉を落とすまえに葉の色が変わります。このことを何といいますか。漢字で答えなさい。

(3) 表1を参考にして守口市の「あたたかさの指数」を計算して求めたうえで、表2を参考に、守口市で多く生育する樹木を次より一つ選び、記号で答えなさい。

ア. つる植物やマングローブなどの常緑樹
イ. 光沢のある葉をもつ常緑樹
ウ. 秋から冬に葉を落とす落葉樹
エ. 細くとがった葉をもつ常緑樹

(4) 近年、地球の平均気温は上昇《じょうしょう》しており、その地域で生育する植物の種類も変わってきています。(3)で求めた数値から、守口市の毎月の月平均気温が何℃以上あがれば、生育する植物の種類が変わると考えられますか。表2を参考に、次より一つ選び記号で答えなさい。

ア. 0.5℃　イ. 1℃　ウ. 2℃　エ. 3℃　オ. 4℃

4 次の文章を読み、あとの各問いに答えなさい。

現在の日本では一般に、（　X　）の動きをもとに作成されたグレゴリウス暦《れき》という暦《こよみ》が使用されています。この暦は、地球が太陽のまわりを一周する日数を一年（365日）としています。実際には地球が太陽のまわりを一周するには365日よりも少し長い時間がかかるため、四年に一度、うるう年というものが設けられています。

また、明治時代より前の日本には太陽太陰暦《たいようたいいんれき》という、（　Y　）の満ち欠けの周期をもとにした太陰暦《たいいんれき》の一つが伝わっていました。太陰暦では、およそ29日を一朔望《いちさくぼう》月《げつ》とし、一年が約355日で設定されています。そのため、使用を続けるうちに季節とのずれが大きくなってしまうことから、三年が過ぎるとおよそ一ヶ月のうるう月を設けることで季節とのずれを修正した、太陽太陰暦が使用されていました。

暦のほかに、太陽が移動する天球上の道（黄道）を24等分したものを利用した、二十四節気という季節の区切りも使われています。一年を夏至と冬至で2等分し、さらに春分と秋分で四等分にし、それぞれの中間に立春・立夏・立秋・立冬の「四立」を入れて八節とする。こうすると一節が約45日となり、これを3等分したものを二十四節気として、季節の移り変わりの目安としています。

(1) 文中の（　）に適する語句を答えなさい。

(2) 二十四節気の中で冬至と春分の日のちょうど中日にあたる立春は、旧暦《きゅうれき》では一年の始まりとされ、様々な決まりごとの起点となっていました。また、現代では南岸低気圧とよばれる、日本列島の南の岸を発達しながら東へと進んでいく低気圧が多く見られるようになる日でもあります。この南岸低気圧が発達することで起きる気象現象として最も適したものを次より一つ選び、記号で答えなさい。

ア．北寄りの強い風がふき、日本列島の太平洋側で大雪を降らせることがある。
イ．南寄りの強い風がふき、その風は春一番と呼ばれる。
ウ．気圧の中心から西側に強い風がふき、台風と呼ばれる。
エ．一定以上の海水温によって発達し、その猛烈《もうれつ》な風で大きな災害をもたらす。

(3) 夏至の日は、一年の中で日の出から日の入りまでの時間が最も長くなります。では、冬至の日はどのようになりますか。簡単に説明しなさい。

(4) 次の図は、赤道面を傾《かたむ》けた状態で太陽のまわりを回る地球と、その向きを矢印で示したものです。また、A～Dは、日本における春分・夏至・秋分・冬至のいずれかの日の地球を示し、４つの星座は、それぞれの日の真夜中に守口市の南の空にみられる代表的なものを示しています。

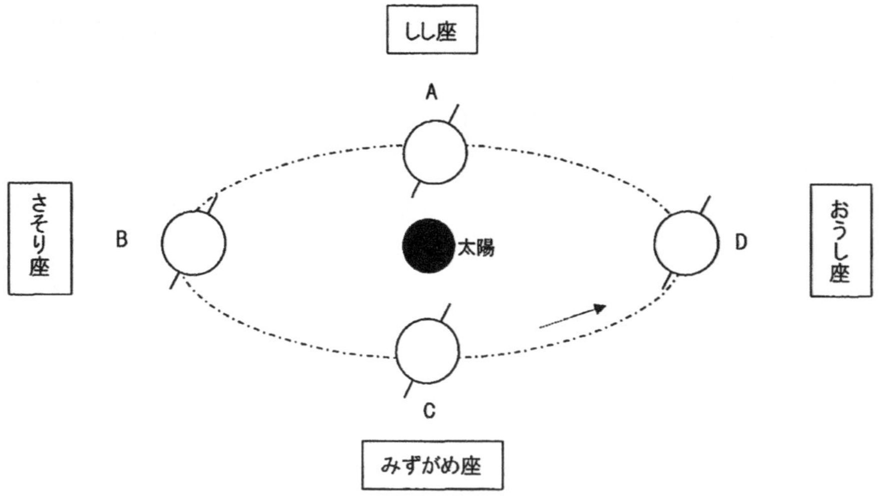

① 図中A～Dのうち、春分の日の地球の位置を示すものを一つ選び、記号で答えなさい。

② 夏至の日の明け方に、守口市の南の空に見える星座を次より一つ選び、記号で答えなさい。

ア．おうし座　　イ．しし座　　ウ．さそり座　　エ．みずがめ座

③ 冬至の日の夕方に、守口市の東の空に見える星座を次より一つ選び、記号で答えなさい。

ア．おうし座　　イ．しし座　　ウ．さそり座　　エ．みずがめ座

④ 立秋の日の明け方に、守口市でみずがめ座が見えるのは、次の方位のうちどれですか。最も適したものを次より選び、記号で答えなさい。

ア．北東　　イ．北西　　ウ．南東　　エ．南西

以上

令和二年度
大阪国際大和田中学校入学試験解答用紙（国語）

（一次A）

受験番号

名前

※100点満点

一

1 i ii iii iv

2

3

4

5

6

7

8

9

10

11

12 ところ

13

1．2点×4
2．2点
3．6点
4．4点
5．4点
6．4点
7．4点
8．4点
9．4点
10．5点
11．5点
12．4点
13．完答4点

二

① ア イ

② ウ エ

③ オ カ

④ キ ク

⑤ ケ コ

1点×10

三

①

②

③

④

⑤

2点×5

四

① A B C

② A B C

2点×6

五

①

②

③

④

⑤

2点×5

令和２年度　大阪国際大和田中学校　1次A　理科　模範解答　　　※50点満点

令和２年　１月18日

受験番号		氏名	

1　２点×７

（１）	①　g	②　g	
（２）	③　g	④　g	
（３）	⑤　g	⑥　g	⑦　g

2　２点×６（(1)(2)は完答）

（１）	酸素	二酸化炭素	
（２）	A	B	
（３）	①　g	②　g	③　g
	④　g		

3　(1)２点　(2)２点　(3)３点　(4)３点

（１）	（２）
（３）	（４）

4　(1)１点×２　(2)２点　(3)２点　(4)２点×４

（１）	X	Y	（２）
（３）			
（４）	①	②	③
	④		